事例で学ぶ
図書館情報資源概論

吉井 潤
Yoshii Jun

事例で学ぶ
図書館

3

青弓社

事例で学ぶ図書館情報資源概論

目次

第5回

地域資料、行政資料（政府刊行物）、灰色文献

第8回
コレクション形成の理論

第15回

これからの展望

本文フォーマット指定・装丁──山田信也［ヤマダデザイン室］

はじめに

　本書は、「事例で学ぶ図書館」シリーズの第3巻で、図書館情報資源について解説している。司書資格を取得するために授業を履修している大学生や、図書館に赴任したばかりの新人図書館員にとっては、「図書館情報資源」という言葉を聞いても何のことやら想像がつかないだろう。司書資格課程の一科目である図書館情報資源概論は、筆者が大学生だった当時は図書館資料論という名称だった。図書、雑誌、新聞などの資料としての特徴やその流通などに関する内容で、要するに図書館が所蔵している資料について学習する科目である。

　現在では情報通信技術（ICT）などの発展によって社会環境が変化し、図書館も従来のように印刷された本を書架に排架しているだけではなくなった。現在の図書館は電子書籍の貸出や、新聞記事を検索できるオンラインデータベースの提供もおこなっている。大学図書館は学術雑誌の電子ジャーナルを所蔵し、同時にインターネットを通して利用者がそれらを閲覧できるシステムも備えているケースが増えている。公立図書館は図書を貸し出すだけでなく、地域の情報拠点といわれるようになり、幅広い情報を扱うことが多くなってきた。こうしたことから、「図書館資料」よりもさらに広い対象を表す言葉として「図書館情報資源」という用語が使われるようになったのである。

　本書は、そうした図書館情報資源について、具体的な事例を挙げて解説している。図書などの資料については図書館の館種を問わず共通することも多いことから、第1巻『事例で学ぶ図書館サービス概論』や第2巻『事例で学ぶ図書館制度・経営論』とは違い、国立国会図書館、大学図書館、学校図書館など館種別に解説する回を設けていない。しかし、これまでと同様にさまざまな館種の事例を取り上げる。

　さらに、本書で対象にするのは、基本的には一般図書である。児童図書や絵本は「児童サービス論」の科目で学習するため本書では除いている。また、「情報サービス論」と「情報サービス演習」の科目で扱う図書館情報資

源と重複しないように留意している。

　必要に応じてそれぞれの回や章の冒頭に「言葉の定義」という項目を設け、その単元を学習するにあたって理解しておくべき用語をピックアップして『図書館情報学用語辞典』などの辞書・辞典での定義を引用・紹介している。ぜひ学習に役立ててほしい。

　最後に、本書を刊行できたのは、下記の図書館と企業、組織の情報提供のおかげである。ここに記して感謝を申し上げる。引き続き第4巻以降の刊行の際にも、多くの図書館から情報をいただければ幸いである。

［県立図書館］
静岡県立中央図書館
［市立図書館］
久慈市立図書館、小平市立図書館、南アルプス市立中央図書館、大阪市立図書館、長崎市立図書館、出水市立中央図書館・出水市歴史民俗資料館
［区立図書館］
文京区立小石川図書館、港区立三田図書館
［専門図書館］
東京国立近代美術館アートライブラリ、味の素食の文化ライブラリー、日本航空協会航空図書館、国立女性教育会館女性教育情報センター、野球殿堂博物館図書室
［企業・組織］
図書館流通センター、ブレインテック、埼玉福祉会、国立印刷局、特定非営利活動法人つなぐ

凡例

1. 本シリーズの章、節、項のたて方は、授業の回数を第1回とし、章は第1章、節は1、項は前後1行あけ、以下、適宜小見出しを付けた。
2. 引用は「　」で該当箇所を囲んで末尾に番号を入れ、それぞれの回ごとの注に対応している。引用が長い場合は、前後に1行あけて段落にしている。
3. 用語は、以下のようにした。
   - 公立図書館：本書でいう公立図書館は、地方公共団体が設置し、地域住民に無料で公開している都道府県立図書館、市区町村立図書館を指す。図書館業界では「公共図書館」と表記する場合があるが、私立図書館が含まれるため公立図書館とする。
   - 図書館員：図書館で働くすべての職員を指す。一部の公立図書館では司書資格を保有し司書採用された司書を配置しているが、その数は少ないのが現状である。また、来館者にとっては誰が司書か司書ではないのかは区別がつかない。司書資格を有していなくても、事務処理能力が高い職員が配置され図書館の運営上助かることがある。
   - 排架：書架に図書などを請求記号などに基づいて並べることを指す。「配架」と表記する場合があるが、『学術用語集——図書館情報学編』（文部省／日本図書館学会編、丸善、1997年）では「配架」ではなく、「排架」と表記してあること、「排」には「並べる」の意味があることから「排架」とする。
   - 開設：オープンしたことを指す。「開館」では来館者が図書館を利用できる時間帯と混同する可能性があることから、新しく設けたことがすぐわかるようにした。

図書館情報資源とは

第1章

図書館情報資源の範囲

1 言葉の定義

情報資源

『図書館情報学用語辞典 第5版』では、情報資源を次のように定義している。

> (1)必要なときに利用できるように何らかの方法で蓄積された情報や資料。天然資源、人的資源などの用法を情報にあてはめて用いられる。(2)組織にとっての資源とみなされた情報。主として企業情報システムを対象として生まれた概念で、組織にとって有用なデータや情報を処理技術から独立した実体として認識し、人や資本などを組織にとっての経営資源とみなすのと同じ意味で、データや情報を経営資源とみなし管理する(情報資源管理)[1]。

2 図書館情報資源の種類

　図1-1は図書館で扱う情報資源の種類を示したものである。これまで図書館は、印刷資料と非印刷資料を来館者に提供してきた。実際、図書館といえば、図書、新聞、雑誌、そして電子資料のなかでもとりわけ CD や DVD などを提供するものだというイメージがあるだろう。今後も図書館がこれらを収集・提供していくことに変わりはないが、情報通信技術の発展によって電子資料もまた図書館情報資源として欠くことができないものになった。電

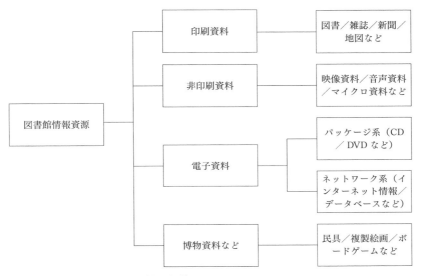

図1-1　図書館情報資源の種類（筆者作成）

子資料化した新聞や雑誌記事を検索できるデータベースは便利であり、最近では「電子図書館」として電子書籍を提供する図書館も存在する。

　さらに、人口減少と公共施設マネジメントの観点から今後は公共施設の再編や集約が進むと考えられ、地方公共団体が公立図書館と博物館を併設するケースが増えることが予想できる。そのため、いわゆる博物資料も図書館情報資源の対象として考えたほうがいい。例えば、名画の複製絵画を図書と同じように貸し出している図書館の一例として、宮城県の名取市図書館が挙げられる（図1-2）。

第2章
図書館情報資源と図書館サービス

1　公立図書館の利用状況

　本や雑誌などの図書館情報資源を利用したいと思ったら、図書館に行くのが一般的なやり方だろう。読みたい本が最寄りの図書館にない場合は、ほか

図1-2　複製絵画の貸出
（出典：「複製絵画の貸し出しをはじめました」「名取市図書館」〔https://lib.city.natori.miyagi.jp/web/event/2517〕〔2023年3月4日アクセス〕）

　の図書館から取り寄せてもらうように依頼して、後日受け取りに行くこともできる。このように、私たちにとって図書館は非常に身近な存在である。公立図書館や図書館情報資源について市民がどのように思っているのかを知る手がかりとして、市民アンケートがある。以下、埼玉県、神奈川県横浜市、大阪府豊中市、愛知県江南市がおこなった市民アンケートの結果を参照しながら、公立図書館の利用状況について考えてみよう。

　埼玉県が2022年度に実施したアンケートによると、埼玉県立図書館（熊谷図書館、熊谷図書館浦和分室、久喜図書館）の利用状況については、「利用したことがない」という回答が86.2%、「利用したことがある」が11.7%だった。「利用したことがない」と回答した人にその理由を尋ねたところ、最も多かったのは、「居住地や勤務地から遠い」（59.3%）だった。また、「県立図書館で利用したいサービス」で最も多かったのは「本、雑誌、CDなどを借りたり、館内で本や雑誌を読んだり、CDを視聴したりする」（33.7%）で、2番目に多かったのは「専門的な本、雑誌、新聞など、市町村立図書館

にはない資料を借りたり、館内で読んだりする」（30.0%）だった。そのほか、「自分のパソコンやスマートフォンからデジタル図書などを観る」（15.8%）、「自分のパソコンやスマートフォンから、県内の博物館、美術館、図書館、文書館などが所蔵する文化財、美術作品、古文書などのデジタル資料を観る」（13.0%）などの回答が続いた。⁽²⁾

神奈川県横浜市が同じく2022年度に実施したアンケートによると、「過去1年間に図書館を利用していない」と回答したのは54.1%で、利用しなかった理由（複数回答）の1位は「必要な本は自分で買う」（34.3%）、2位は「交通の便が悪い」と「特に理由はない」（ともに26.0%）だった。また、「より魅力的な図書館にするために、どのようなサービス・機能が必要か（複数回答）」では「所蔵資料（図書・雑誌・新聞）の充実」（63.6%）が1位だった。⁽³⁾

大阪府豊中市が2019年に実施した「豊中市立図書館および郷土資料館に関する市民アンケート」によると、「過去1年間で豊中市立図書館をどのくらい利用しましたか」という設問への回答で最も多かったのは「1度も利用していない」（47.8%）だった。「利用しない理由（複数回答）」で最も多かったのは「本は買って読む」（38.9%）だった。「今後豊中市立図書館で充実したらよい資料（複数回答）」で最も多かったのは「実用書」（44.8%）で、次が「読み物」（35.0%）だった。⁽⁴⁾

愛知県江南市が2018年に実施したアンケートによると、図書館の利用について「利用したことがない」と答えたのは61.9%で、利用しない理由の1位は「図書館が遠い、交通のアクセスが不便」（20.5%）だった。2位は「本や雑誌は自分で買う」（18.8%）だった。「充実する必要がある図書・資料（複数回答）」では、1位が「趣味・実用書」（31.3%）だった。次に多かったのが「児童書・絵本」（31.8%）で、「小説」（31.3%）がそのあとに続いた。⁽⁵⁾

このような市民アンケートからわかるのは、公立図書館は思ったよりも利用されていないという現実だろう。利用しない理由としては、図書館のアクセスが悪いことと、読みたいものは自分で買うということが大きな割合を占めている。一方、市民が公立図書館に充実させてほしいと感じている資料として挙げられたのは実用書や児童書といったいわゆる紙の本であり、これまで図書館が収集してきた種類の資料が中心であることがわかる。

2　公立図書館の利用拡大のために必要な図書館情報資源

　市民アンケートの結果をみるかぎり、従来の図書館情報資源である紙の図書や雑誌の充実は、確かに大切だといえるだろう。しかし、前述したように、いまやどの地方公共団体でも人口減少や公共施設の老朽化といった問題に対処するための公共施設マネジメントが求められている。施設の維持管理には一定のコストがかかるため、人口減少に伴う利用率の低下など、さまざまな要因から図書館の数を減らそうとする動きが増えることが予想される。近所にあった図書館が遠方の図書館に統合されてしまうと、住民が図書館に行く頻度は減るかもしれない。そうなるとますます図書館の利用が減り、役所の財政課がそれを理由に図書館の予算を削減するようになる可能性がある。

　公立図書館が多くの市民に利用されるためには、紙の図書や雑誌などの印刷資料を提供するだけではなく、パソコンやタブレットを通じて図書館に行かなくても利用できる電子資料の提供も進めなくてはならない。そのためには図書、雑誌、情報などの電子資料の特徴と重要性についても知っておく必要がある。

注

（1）「情報資源」、日本図書館情報学会用語辞典編集委員会編『図書館情報学用語辞典 第5版』丸善出版、2020年
（2）埼玉県「令和4年度 埼玉県政世論調査報告書」「埼玉県」（https://www.pref.saitama.lg.jp/documents/226234/r4yoron00.pdf）［2023年3月11日アクセス］
（3）横浜市「令和4年度第15回ヨコハマ e アンケート 横浜市立図書館のサービス及び利用状況等に関するアンケート」「横浜市」（https://www.city.yokohama.lg.jp/city-info/koho-kocho/kocho/e_anke-to/kekka/R04kekka.files/0099_20221223.pdf）［2023年3月4日アクセス］
（4）豊中市教育委員会「豊中市立図書館に関するアンケート調査報告書」「豊中市立図書館」（https://www.lib.toyonaka.osaka.jp/2019enquete_honpen_2.pdf）［2021年3月4日アクセス］
（5）江南市「江南市図書館基本計画」「江南市」（https://www.city.konan.lg.jp/_res/projects/default_project/_page_/001/004/895/tosyokan_kihon_keikaku_honpen.pdf）［2023年3月4日アクセス］

印刷資料の類型と特質

第1章
図書の種類

1　言葉の定義

図書

『図書館情報学用語辞典 第5版』では、図書を次のように定義している。

> 文字や図表などが記載された紙葉を冊子体に製本した資料。本、書物、書籍、書などともいうが、図書館用語としては、通常、図書が用いられる。現代では、手書きではなく印刷され、装丁され、出版され、さらに相当量のページ数（ユネスコの定義では49ページ以上）を有するものとして捉えられることが多い。[(1)]

判型

『図書館情報学用語辞典 第5版』では、判型を次のように定義している。

> (1)図書の大きさ。用紙の大きさに関係し、日本では次のような歴史的変遷がある。〈1〉和紙を用いた和装本の大きさで、美濃紙や半紙を用いた美濃判、半紙判。〈2〉明治初期からの洋紙を用いた洋装本の大きさで、菊判、四六判など。〈3〉日本工業規格（JIS）に定められ、現在に及んでいるもの。規格判。A列とB列の2系統あり、各0号から12号からなる大きさ。例えばA4判、B5判などと呼ばれている（A4判はA列0号を4回二つ折りした大きさ、B5判はB列0号を5回二つ折りした大きさのこと）。また、規格外のものとしてA判20取、B判40取（新書判）などが

ある。(2)西洋で、全紙を折り畳んだ回数で示す言葉の総称。例えば、全紙を1回折って4ページにした二つ折り判（フォリオ判、folio）、2回折った四つ折り判（クォート判、quato）などがある。希書の記述のように詳細な書誌記述を行う場合に用いる。[2]

文庫本

『精選版 日本国語大辞典』では、文庫本を次のように定義している。

A6判の小型双書。日本では昭和2年（1927）、岩波書店がドイツのレクラム世界文庫にならって岩波文庫を創刊したのに始まる。文庫。[3]

新書判

『精選版 日本国語大辞典』では、新書判を次のように定義している。

出版物の判型の一つ。B6判よりやや小さく、縦約17センチメートル、横約11センチメートルの大きさで、比較的気軽に読める内容の読物を集めた、廉価軽装本の叢書。新書。[4]

大活字本

『図書館情報学用語辞典 第5版』では、大活字本を次のように定義している。

弱視者用に大きな活字で印刷された図書。大型活字本ともいう。実際には、印刷方式にかかわらず、文字の大きな図書の総称としても用いられる。具体的には、〈1〉大きな活字で版を組み直す、〈2〉原本を電子式複写機などで拡大する、〈3〉手書きやコンピュータを用いて拡大写本を作成する、などの方法で作成される。〈1〉によるものが弱視者にとっては最も読みやすいといわれている。日本では1996（平成8）年に、大活字本の専門出版社として株式会社大活字が設立された。[5]

2 図書の部位と判型

　私たちが「図書」や「本」という言葉から思い浮かべるのは、主に図2-1のようなものだろう。これは洋装本と呼ばれる一般的な製本様式の書籍である。図書館や出版社の業務では、本の作りを知る必要があり、各部位の名称も覚えなくてはならない。図2-1の番号に対応する名称と解説は、以下のとおりである。

①表紙：本の外装。

②背表紙：本の綴じ目の部分の外装。

③カバー：表紙の外側全体を覆う、書名などが印刷された紙。ジャケットともいう。表紙裏に折り返した部分をカバーの袖（カバー見返し）という。

④見返し：表紙の内側に貼られている紙。本文と表紙を貼り付けて連結する役割の効き紙と、その向かい側の貼り付けられていない遊び紙からなる。

⑤標題紙：本文の前にあって、書名などが書いてある紙。目録作成の際は、標題紙、奥付、背、表紙が基本の情報源になる。なかでも標題紙の優先順位がいちばん高い。

⑥小口：本の背の部分を除く、本文の三方の切り口の部分。上部を天、下部を地、背の反対側を前小口という。単に小口という場合は前小口を指すことが多い。

⑦のど：本を綴じてある側の部分。

⑧奥付：書名、著者、出版者、発行年月日、版数表示、ISBN などの書誌的事項が記載されているページ、または、その書誌的事項そのものをいう。一般の書籍は巻末、雑誌・ムックは裏表紙、洋書は標題紙の裏に付されることが多い。

　図書館や書店にはさまざまな大きさの本が並んでいる。出版業界では、本のサイズの規格を判型と呼ぶ。代表的なものは表2-1に示したとおりである。ちなみに図2-1の本は四六判、本書は A5判である。写真や図版が多い本の場合は判型が大きくなり、文字を中心とした本の場合は新書判や A6判などのようにサイズが小さくなるのが一般的である。

　書店ではほとんど目にすることはないが、公立図書館では大活字本を所蔵していることもある。大活字本は、もともとは弱視の人のために作られたものだったが、最近では小さな文字が読みにくくなった高齢者も手に取るようになってきている。文字を大きくしているのでそのぶん判型も大きくなり、

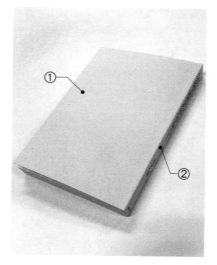

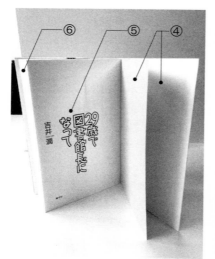
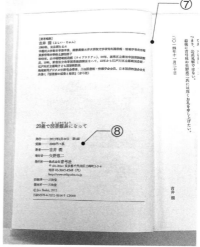

図2-1 本の部位（筆者作成）

もともとは1冊に収まっていた内容が3冊に分かれることもある。

表2-1　本の主な判型（筆者作成）

判の名称	サイズ（横ミリ×縦ミリ）	主な本の種類
B4判	257×364	大きな画集
A4判	210×297	写真集
B5判	182×257	週刊誌
菊判	150×220	単行本
A5判	148×210	学術書、教科書
四六判	127×188	単行本
B6判	128×182	漫画
新書判	103×182	新書
A6判	105×148	文庫本

3　大活字本

　大活字本を出版している団体の一つに埼玉福祉会がある。同福祉会が出版している大活字本は、図2-2のとおり文字のサイズが14ポイントと一般的な文庫本と比べてかなり大きく、1ページのなかの文字数は31字×11行＝341字とかなり少ない。埼玉福祉会の大活字本シリーズの沿革を簡単に振り返ると、1980年11月に森敦『月山』、高木敏子『ガラスのうさぎ』を刊行し、89年には初めて長篇作品である司馬遼太郎『竜馬がゆく』（全16巻）を刊行。2010年5月には刊行作品数が1,000点を超え、20年11月には初回刊行以来40周年を迎えた。ここからわかるように大活字本化する作品は一般的になじみがあるものが多い。22年に刊行した横山秀夫『クライマーズ・ハイ』は全3巻で1冊3,300円（税込み）である。

第2章
雑誌の種類

1　言葉の定義

逐次刊行物

『図書館情報学用語辞典 第5版』では、逐次刊行物を次のように定義している。

　　　"終期を予定せず、部分に分かれて継続して刊行され、通常はそれぞれに順序がある資料（例えば、定期刊行物、モノグラフ・シリーズ、新聞）。"（『日本目録規則2018年版』用語解説）。刊行期間が限定されていても逐次刊行物としての特徴を備えた資料も含む。統計資料や法規集、名

一般的な文庫本

埼玉福祉会の大活字本

文字の大きさはもちろん
行間にもゆとりがあって読みやすい

サイズ比較表

2022年4月現在埼玉福祉会調べ

	一般的な文庫本	埼玉福祉会の大活字本
判型	**A6**判 105 x148 mm	**A5**判 148 x 210 mm
文字の大きさ	**9〜10**ポイント　あ	**14**ポイント　あ
1頁の中の 文字数	**37〜41**字×**16〜18**行	**31**字×**11**行

図2-2　文庫本と大活字本の比較
（出典：埼玉福祉会「埼玉福祉会のバリアフリー大活字本シリーズ」〔https://www.saifuku.com/daikatsuji/index.html〕［2023年1月1日アクセス］）

簿、ウェブサイトなどで部分的に内容の改訂される更新資料と合わせて、継続資料という。(6)

定期刊行物

『図書館情報学用語辞典 第5版』では、定期刊行物を次のように定義してい

る。

> 定期、もしくは一定期間を隔てて、通常、年に2回以上刊行するか、刊行する予定を持っている逐次刊行物で、研究論文、その他の記事を掲載するもの。ニュースを中心に扱う新聞、団体の会議録や業務報告などは含めない。学協会が編集刊行する学術雑誌、商業出版社が編集刊行する一般雑誌など、雑誌と呼ばれる逐次刊行物の大部分が該当する。通常、週刊、旬刊、隔週刊、半月刊、月刊、隔月刊、季刊、年3回刊、半年刊であるが、特許公報や求人情報誌などには日刊、隔日刊、週2回刊のものもある。⁽⁷⁾

雑誌

『図書館情報学用語辞典 第5版』では、雑誌を次のように定義している。

> 主題、読者層、執筆者層などにおいて一定の方向性を持つ複数の記事を掲載している逐次刊行物。逐次刊行物を雑誌と新聞に大別したり、逐次刊行物中の定期刊行物の中に雑誌を置いたり、あるいは、出版物を書籍と雑誌に大きく分ける出版流通などに見られるように、雑誌の位置付け方はさまざまである。第二次世界大戦後の日本では出版物の売上げ高の過半を雑誌が占めていたが、近年、急激に減っている。また、理工系の研究図書館では、資料購入費、利用の大部分を学術雑誌が占める状況にある。図書館では、雑誌の各号を年や巻単位で製本し、製本した雑誌は図書とみなすことが多い。⁽⁸⁾

学術雑誌

『図書館情報学用語辞典 第5版』では、学術雑誌を次のように定義している。

> 狭義には、査読制度を採用し、独創性のある最新の研究成果を伝える投稿論文を掲載する雑誌。広義には、学術的な内容の記事を掲載する雑誌。科学コミュニケーションの研究領域では狭義の学術雑誌を対象とし、図書館では『学術雑誌総合目録』という用例に見られるように広義

の定義を用いている。学術雑誌は、編集機関が学術団体や研究機関であり、投稿規程が整備されていて、自由に投稿でき、さらに、掲載論文には論文名、著者名、所属機関が明示され、引用文献と抄録があるなどの標準的な形態をとっていることが多い。1665年に創刊された、Journal des sçavans と Philosophical Transactions が学術雑誌の起源とされている[9]。

査読制度

『図書館情報学用語辞典 第5版』では、査読制度を次のように定義している。

> 学術雑誌に投稿された論文の内容を査読者（referee）が審査し、当該雑誌に掲載するか否かを判定する制度。レフェリー制度、審査制ともいう。この制度によって、投稿論文と著者は専門的承認を受け、一方学術雑誌は質を維持することができる。査読は、雑誌の編集委員や投稿論文の内容に詳しい専門家に依頼する。審査を公正に行うために、論文の著者と査読者の両者に互いの氏名を知らせず、投稿論文を審査し、それに応じた書き直しを求める場合が多い。査読の結果却下される件数は、学問分野によって多少異なるが、図書を主要な発表手段としている人文科学においても、この却下率は高い[10]。

インパクトファクター

『図書館情報学用語辞典 第5版』では、インパクトファクターを次のように定義している。

> 引用頻度を用いて、文献群の重要度や影響力を測定するための尺度の一つ。引用影響度、影響力係数ともいう。文献群としては、1雑誌の掲載論文、1著者の執筆論文などが用いられる。1972年にガーフィールド（Eugene Garfield 1925-2017）は、雑誌の影響力を計測するために、その雑誌が引用された回数の合計をその雑誌の掲載論文数で割った値、すなわち「雑誌別の1論文あたりの平均引用回数」を利用し、この係数を引用影響度と名付けた。これは journal impact factor で、同じ計算手法を

著者別に適用すると author impact factor となる。引用された回数の単純な合計で影響力を評価すると掲載論文数の多い雑誌ほど値が大きくなるので、これを補正した係数となっている。⁽¹¹⁾

2 商業雑誌

　雑誌は大きく商業雑誌と学術雑誌に分かれる。私たちがコンビニエンスストアや書店で見かける「週刊文春」（文藝春秋）や「週刊少年ジャンプ」（集英社）などは商業雑誌に分類され、読者にとって入手しやすく、安価でもあるという特徴をもつ。雑誌のオンライン書店「Fujisan.co.jp」⁽¹²⁾で毎週木曜日に発売される「週刊文春」を1年間定期購読すると、50冊29,500円（税込み）である。商業雑誌は公立図書館の雑誌コーナーでも数多く見ることができ、図書館によっては「週刊少年ジャンプ」などの漫画雑誌も所蔵している。2023年1月1日時点では東京23区の図書館で、北区立中央図書館、港区立港南図書館、新宿区立戸山図書館、新宿区立四谷図書館、江東区立こどもプラザ図書館、江東区立東陽図書館、江東区立東雲図書館、江東区立東大島図書館、墨田区立八広図書館、墨田区東駒形コミュニティ会館、墨田区梅若橋コミュニティ会館が「週刊少年ジャンプ」を所蔵している。

3 学術雑誌とインパクトファクター

　学術雑誌は主に学会や大学が刊行する論文集などで、研究者が研究成果を発表するための媒体である。論文が掲載されるには、査読を通さなければならないことがほとんどである。査読は、研究の方法や質の高さ、結果の信頼性などを担保している。新聞やテレビでよく話題になる「ネイチャー（Nature）」（シュプリンガーネイチャー・ジャパン）や「サイエンス（Science）」（アメリカ科学振興協会）も学術雑誌である。それぞれの学問分野にそれぞれの学術雑誌があり、そのなかでランクがある。その指標の一つになるのがインパクトファクターだ。インパクトファクターが高い学術雑誌ほど論文が掲載されるハードルは高くなるが、掲載されれば研究者としての未来は明るくなる。ドラマなどのフィクション作品ではインパクトファクターを個人の業績の指標のように扱っていることがあるが、それは誤りである。インパクトフ

表2-2 2020年のインパクトファクター上位5位まで

順位	ジャーナル名	分野	2020年インパクトファクター
1	The New England Journal of Medicine	医学	91.253
2	The Lancet	医学	79.323
3	Chemical Reviews	化学	60.622
4	The Journal of the American Medical Association	医学	56.274
5	Nature	総合科学	49.962

（出典：棚橋佳子『ジャーナル・インパクトファクターの基礎知識――ライデン声明以降の JIF』〔樹村房、2022年〕15ページをもとに筆者作成）

ファクターは「その学術雑誌に掲載された論文が平均的にどれくらい頻繁に引用されているか」を示す尺度である。

表2-2は、2020年のインパクトファクターが高かった学術雑誌をランキングにして示したものである。「ランセット（The Lancet）」（エルゼビア）は新型コロナウイルス感染症関連の報道で、一度はその名を聞いたことがあるかもしれない。よく知られている「ネイチャー」のインパクトファクターは49.962である。授業のレポートや卒業論文を書くために関連する論文などを引用する際は、それらの論文がどの学術雑誌に掲載されたものなのか注意してみてほしい。引用元が特定の学術雑誌に偏っていたら、その雑誌は一定の影響力がある上位の学術雑誌の可能性が高い。

学術雑誌は対象読者がその分野の研究者などに限られることから商業雑誌と比べて発行部数が少なく、非流通・非売品の場合も多いため、コンビニエンスストアや書店ではほとんど見ることがない。大型書店に行けば、日本で最も古い歴史学の学術雑誌「史学雑誌」（史学会、1889年創刊）などを見ることができるが、学術雑誌は大学図書館や専門図書館の雑誌コーナーで目にすることが多いだろう。また、学術雑誌の価格は商業雑誌に比べて高くなる傾向がある。例えば、毎週木曜日に発売される「ネイチャー（個人購読専用）」は年間購読料が37,620円（税込み）、「史学雑誌」は月刊誌だが1年間購読すると17,837円（税込み）になる。前述の「週刊文春」と比較すると、価格の差がよくわかるだろう。

第3章

新聞の種類

1　言葉の定義

新聞

『図書館情報学用語辞典 第5版』では、新聞を次のように定義している。

> 不特定多数の人々を対象に、最新のニュースの報道と評論を主たる目的
> とし、同一のタイトルのもとに、ブランケット判もしくはタブロイド判
> の形態でとじずに刊行される逐次刊行物。通常は、一定の短い間隔（日
> 刊、週刊、週2回刊行など）で定期的に発行される。日本では、日刊の新
> 聞は、その発行規模から、全国紙（主要都市に発行拠点を持ち全国に配
> 布）、ブロック紙（特定県を中心に周辺地域に配布）、地方紙（一県で発
> 行）に分けられる。発刊の時間から、朝刊紙と夕刊紙などの区分もなさ
> れる。内容からは、一般紙と専門紙、さらに業界紙に分けられる。[13]

2　原紙と縮刷版

「読売新聞」や「朝日新聞」など日本全国を対象に編集・発行されている新
聞を全国紙と呼ぶのに対し、地域ごとに編集・発行される新聞を地方紙と呼
ぶ。地方紙のなかでも、「河北新報」のように東北地方全体をカバーしてい
る新聞はブロック紙、「山梨日日新聞」のように山梨県だけを対象にしてい
る新聞は県紙と呼ばれる。地方の公立図書館の新聞コーナーあるいはブラウ
ジングコーナーでは全国紙だけではなく、ブロック紙や県紙などの地方紙も
読めるようにしてある。

　一般に頒布されている紙の新聞を原紙と呼ぶ。それぞれの公立図書館の収
蔵規模によるが、原紙は3カ月から半年ほど保存したら廃棄するのが一般的
だ。そのかわり、過去の新聞記事を検索できるデータベースを利用できるよ
うにしていたり、新聞縮刷版を購入・所蔵していたりする。新聞縮刷版は、
もとの新聞紙面を縮小して印刷し、書籍にまとめた形態のものと、CD、
DVD などの電子データの形態のものがある。「産経新聞」を除く主要全国

図2-3 業界紙コーナー（提供：港区立三田図書館）

紙と一部の地方紙はこうした縮刷版を発行している。

3　専門紙・業界紙

　特定の産業や業界に特化した記事を掲載する新聞は専門紙または業界紙と呼ばれる。例えば、「繊研新聞」は繊維・ファッション業界の専門紙で、繊維メーカーなどの企業の情報だけでなくファッションやアパレル、小売、素材の動向も知ることができる。どのような服がトレンドになりそうなのかといった情報を、一般紙やテレビなどほかのメディアよりも早く得ることができる。ほかにも、例えば「日本食糧新聞」を読めば食品の値上げなどについて一般に報じられるよりも先に知ることができる。どのような専門紙や業界紙があるのか気になる読者は拙著『仕事に役立つ専門紙・業界紙[14]』を手に取ってほしい。巻末には専門紙・業界紙400タイトルのリストを付けている。

4　東京都港区立三田図書館の事例

　JR田町駅から徒歩4分ほどの場所に2022年4月に開設した複合施設・札の辻スクエアがある。その4階から7階までの4フロアに移転したのが、東京都

港区立三田図書館である。三田図書館は、同年12月7日時点で242タイトルの業界紙を所蔵している。業界紙を置くことにしたのは、同年4月に着任した館長の方針である。移転再オープンにあたり、区の方針としてビジネス支援に取り組むことになり、資料の一つとして業界紙が不可欠だと考えたのである。

　業界紙選定にあたって重視したのは、バリエーションを増やし、ジャンルが偏らないようにすることだった。業界紙各社に手紙を書き、収集の目的を明らかにするとともに、各紙の宣伝に努める旨も伝えたところ、各社から賛同を得たため、所蔵している業界紙はすべて寄贈によるものである。管理方法としては、担当職員1人が、リストに基づいて図2-3のようにジャンル別・業種別に仕分けしたボックスに保管するという手法がとられている。

　また、業界紙の利用を促進するために、三田図書館はビジネス講座を開催している。2022年度は、医療やSDGs関連の講座を開催し、今後は年金、ハラスメント、ファッション関連の講座の開催を予定している。さらに、図書館で配布しているビジネス支援のための手引のなかに、業界紙について明記することで、周知を図っていく予定である。札の辻スクエアのなかには港区立産業振興センターもあり、ビジネス情報の発信などに取り組んでいることから、相互に情報交換をおこない、チラシやポスターの掲示などもしている。

第4章
加除式資料・小冊子・地図

1　言葉の定義

加除式資料

『図書館情報学用語辞典 第5版』では、加除式資料を次のように定義している。

> 製本されず、ページ単位で取り外しが可能な形態の資料。特に現行法令集などのように、資料の内容を随時新たに追加したり、不要となった部分を適宜除去したりする作業が必要な資料にとっては有効な形態であ

る。その製本形態を加除式製本という。ただし、図書館にとっては、更新作業に要する経費が継続的に発生したり、取り外し可能なページの散逸を恐れて通常の貸出規程では対応が難しいなどの問題がある。また出版社が、通常の製本形態で発行すべき資料を加除式として刊行し、更新が1度もなされない場合もある。⁽¹⁵⁾

小冊子

『精選版 日本国語大辞典』では、小冊子を次のように定義している。

> 小型の薄い書物。小型のとじほん。小冊。パンフレット。⁽¹⁶⁾

パンフレット

『図書館情報学用語辞典 第5版』では、パンフレットを次のように定義している。

> 分量が数ページから数十ページと少なく、きわめて簡易な方法でとじてある冊子体の印刷資料。折った紙をとじないで重ねただけで冊子体にしたものもある。内容は、商品のカタログ、催し物のプログラム、機械のマニュアル、施設や設備の利用案内、政治的主張の解説など多様であるが、いずれも限定した情報、知識を一時的に提供する目的で作成される点に特徴がある。その特徴から、簡易資料、短命資料（ephemera）、ファイル資料に分類されることがある。配布は、一般の出版流通経路ではなく、特定の集団への郵送、物品への添付、特定の場所での手渡しや放置（「自由にお取り下さい」方式）などによるため、そのほとんどが灰色文献とみなせる。ユネスコでは統計作業のため、"表紙を除き5ページ以上48ページ以下の印刷された非定期刊行物"と定義し、パンフレットをリーフレット、図書、逐次刊行物などから区別している。⁽¹⁷⁾

リーフレット

『図書館情報学用語辞典 第5版』では、リーフレットを次のように定義している。

印刷した1枚の紙を1回折って、2ページないし4ページの冊子体にした印刷資料。場合によっては、1枚の紙を2回以上折って、観音開き状または蛇腹状にした印刷資料も含めるが、いずれにしてもまったくとじられていない。パンフレットの一種とみなされることが多いが、パンフレットとは区別されることもある。内容、配布方法、蓄積や管理の方法の特徴は、パンフレットと変わらない。ただし、分量がきわめて少ないため、作成目的の一時性がいっそう強いのが通常である。なお、上述の定義とは別に、慣用的に小さくて薄いパンフレットをリーフレットと呼ぶ場合もある。[18]

地図

『図書館情報学用語辞典 第5版』では、地図を次のように定義している。

地球もしくは他の天体（例：月）の表面または関連する面（例：大気圏面、表層下の地層面）の全面または部分について、事象を選び（例：地形、植生）、象徴化し（例：色分け、記号化）、一定に縮尺し、平面（二次元）に表現したもの。媒体は紙や布などに限らず、電子メディアに情報を入力し、再生装置で表示するものを含む。球面（あるいは回転楕円体）を平面に投影するので、投影法が重要である。方位を正確に示す円筒図法では距離や面積が不正確になり、面積を極似させる投影法では方位が乱れる。それゆえ近代地図では、方位、縮尺、投影法を明示することが必須となる。天球儀、地球儀、地形模型など三次元に表現したものは地図資料に包含されるが、地図ではない。[19]

2　加除式資料

　加除式資料とは、法令集のように常に最新の情報が必要なことから、一般の図書のように製本するのではなく、差し替えや追加ができるようにして保管している資料のことである。ルーズリーフのように、のどの部分に穴を開けて紐などで仮に綴じてあることが多い。公立図書館や大学図書館では主に第一法規の『現行法規総覧』（衆議院法制局／参議院法制局編集）やぎょうせいの『現行日本法規』（法務省編集）を購入していることが多い。いずれも情

図2-4　衆議院法制局／参議院法制局編集『現行法規総覧』（第一法規、2023年）（筆者撮影）

報の更新が必要になった折には出版社の担当者が図書館を訪れて該当ページの差し替えをおこなってくれるが、巻数が多いため作業には広い部屋を用意する必要がある。

3　小冊子

　パンフレットなどの小冊子には図書や雑誌に掲載されない情報が載っていることがあり、それに加えて速報性と広報性がある。内容としては行政や各種団体の情報、啓発・普及のための情報などがある。
　例として、国立がん研究センターは、がんに関する情報を収集・分析・整理し、信頼性などを評価したうえで小冊子にまとめて提供している。自らが発行するがんに関する資料を「がん情報ギフト」セットとして全国の図書館に寄贈するプロジェクトを実施していて、2022年11月現在、このセットは全国577館に収蔵されている。[20]「がん情報ギフト」セットを置いている図書館は書架の一角をそのためのコーナーにあて、がんに関する図書、雑誌などと一緒に展示している。国立がん研究センターのウェブサイトで寄贈館の一覧を見ることができる（図2-5）。

4　地図

　地図は、「2万5千分の1地形図」（国土地理院）が一般図として代表的なものであり、数値地図、航空地図、住宅地図、地形図、道路地図、世界航空地形図などさまざまなものがある。公立図書館で利用が多いものにはゼンリンが発行している「ゼンリン住宅地図」や「ブルーマップ」がある。「ゼンリン住宅地図」は、1軒ごとの建物名称・居住者名や番地を大縮尺の地図上に詳しく表示し、バス停、信号機、交差点名、一方通行などの道路交通情報も掲載している。都市部は1年に1回、それ以外の地区は2年から5年に1回、情報を更新している。[21]

国立研究開発法人 国立がん研究センター National Cancer Center Japan

国立がん研究センターについて　診療　研究　教育　広報活動　人材募集

トップページ ＞ ご寄付のお願い ＞ プロジェクト寄付（使途指定の寄付） ＞ つくるを支える　届けるを贈る　がん情報ギフト ＞ 冊子が手に取れる図書館 ＞ 寄贈館一覧【東京】_東京（区部）

寄贈館一覧【東京】_東京（区部）

都立中央図書館

所在地：港区南麻布5-7-13

都立中央図書館ホームページ

都内で初めてがん情報ギフトをご寄贈いただきました。
誠にありがとうございます。
ギフトの他、都立中央図書館には健康・医療情報コーナーがあり、入門書から専門的な医学書まで幅広く取り揃えています。
乳がん、胃がん等の臓病記もあります。
カウンターや電話、ホームページから調べものの相談も受け付けています。ギフトと合わせてぜひご利用ください。

つくるを支える　届けるを贈る　がん情報ギフト

> 「がん情報ギフト」について、もっと詳しく

> 冊子が手に取れる図書館

> 図書館関係者の皆さまへ

足立区立梅田図書館

図2-5　「がん情報ギフト」寄贈館一覧のトップページ
（出典：「寄贈館一覧：【：東京】_ 東京（区部）」「国立がん研究センター」〔https://www.ncc.
go.jp/jp/d004/donation/ganjoho_gift/030/20220815135702.html〕〔2021年1月29日アクセス〕）

　「ブルーマップ」は、「ゼンリン住宅地図」の上に、公図に基づく公図界、公図番号、地番をブルーで記載し、都市計画用途地域名、用途地域界、容積率、建ぺい率（一部の地区は日影規制・高度規制）も並記している地図である(22)。

　「2万5千分の1」地形図は1枚物で地図架に収蔵されている。よくあるトラブルとして、来館者が配布物と勘違いして、あるいは意図的に持ち帰ってしまうことがある。また、コピー機での複写範囲や枚数のことで来館者とトラブルになることもある。

注

（1）「図書」、前掲『図書館情報学用語辞典 第5版』
（2）「判型」、同書
（3）「ぶんこ – ぼん【文庫本】」『精選版 日本国語大辞典』小学館、2006年
（4）「しんしょ – ばん【新書判】」、同書
（5）「大活字本」、前掲『図書館情報学用語辞典 第5版』
（6）「逐次刊行物」、同書
（7）「定期刊行物」、同書
（8）「雑誌」、同書
（9）「学術雑誌」、同書
（10）「査読制度」、同書
（11）「インパクトファクター」、同書
（12）「Fujisan.co.jp」（https://www.fujisan.co.jp/）［2023年1月29日アクセス］
（13）「新聞」、同書
（14）吉井潤『仕事に役立つ専門紙・業界紙』青弓社、2017年
（15）「加除式資料」、前掲『図書館情報学用語辞典 第5版』
（16）「しょう – さっし［セウ‥］【小冊子】」、前掲『精選版 日本国語大辞典』
（17）「パンフレット」、前掲『図書館情報学用語辞典 第5版』
（18）「リーフレット」、同書
（19）「地図」、同書
（20）「つくるを支える 届けるを贈る『がん情報ギフト』プロジェクト」「国立がん研究セ
　　　ンター」（https://www.ncc.go.jp/jp/d004/donation/ganjoho_gift/index.html）［2021
　　　年1月29日アクセス］
（21）「ゼンリン住宅地図」「ゼンリン」（https://www.zenrin.co.jp/product/category/resi-
　　　dentialmap/j-map/index.html）［2023年1月29日アクセス］
（22）「ブルーマップ」「ゼンリン」（https://www.zenrin.co.jp/product/category/residential-
　　　map/bluemap/index.html）［2023年1月29日アクセス］

非印刷資料と
図書館情報資源の歴史

第1章
非印刷資料

1　言葉の定義

マイクロ資料

『図書館情報学用語辞典 第5版』では、マイクロ資料を次のように定義している。

> 本や雑誌のページ、地図や設計図などの平面資料を写真技術により縮小した資料で、内容を肉眼で読み取ることはできない。マイクロ形態資料ともいう。形態的には、マイクロフィルム、マイクロフィッシュ、マイクロオペークがある。情報を取り出すためには、マイクロ資料リーダーと呼ばれる画像拡大装置が必要となる。マイクロ資料は、スペースの節約に加え優れたコスト効果と利用効果においても評価され、保存メディアとしても評価が定着し、情報の生産、流通、保存に重要な位置を占めてきた。しかし、コンピュータの画像処理技術と蓄積メディアの発展に伴って、検索にも優れた画像データベースシステムへと移行した。[1]

視聴覚資料

『図書館情報学用語辞典 第5版』では、視聴覚資料を次のように定義している。

> 非図書資料のうち、主として文字ではなく画像、映像、音声によって情報を記録した資料であり、人間の視覚、聴覚を通して情報を伝達するも

の。これの利用には何らかの再生装置を必要とする。略称は AV 資料。[2]

2　マイクロ資料

　マイクロ資料は、図書館では紙媒体の資料に次いで古くから所蔵されてきたものである。近年は、技術の進歩によって原資料のマイクロ化よりもデジタル化が進んでいる。しかし、今後のデジタル技術革新のスピードによっては記録媒体の変換が追いつかない可能性があり、保存利用という観点ではまだ問題がある。そのため現在のマイクロ資料がすぐにデジタル化されるとはかぎらない。図書館のマイクロ資料の状況については安形麻理らの論文「日本の図書館におけるマイクロ資料の保存の現状」が貴重なデータを示している。

　この論文は、4年制大学図書館、大学院大学図書館、国立国会図書館、都道府県立図書館を対象にした悉皆調査（全数調査）に基づいている。902件（回収率62.8%）の有効回答と予備調査4件の合計906件を分析している。それによると、回答館の52.3%にあたる474館がマイクロ資料を所蔵していた。都道府県立図書館では1館を除く54館が所蔵し、マイクロ資料を長期保存の媒体として活用し、所蔵資料のマイクロ化も40%の図書館が実施していた。マイクロ資料を所蔵していると回答した図書館のうち、47.5%がマイクロ資料を長期保存用の媒体と位置づけ、30.0%が1年に1回程度以上の頻度で受入を継続していた。また、44.3%の図書館で代表的な劣化であるビネガーシンドローム（フィルムの表面が劣化して溶けたような跡ができる現象）が発生していることなどが明らかになった。[3]

3　映像資料

　館種を問わず、図書館ではビデオテープや DVD などの映像資料を所蔵している。館内でそれらを閲覧するために再生機器も設置しているが、ビデオテープの再生機器はすでに生産終了になっていることから、故障すると新たな機器は入手できない。このため、ビデオテープの所蔵をやめて DVD だけにする図書館も増えている。

　図書館が所蔵する映像資料は著作権者が図書館での所蔵を認めているもの

に限られ、一般に販売されている商品とは異なっている。例えば、アニメ映画『君の名は。』（監督：新海誠、2016年）のDVD商品『「君の名は。」DVDスタンダード・エディション』（参考価格：税込み4,180円）は店舗やオンラインショップで誰でも購入できるが、これを図書館が図書館情報資源として購入できるのかどうかは、調べてみないとわからない。そのための目録として、図書館流通センター（略称TRC。第7回を参照）発行の「著作権承認済TRC映像資料目録2022年度」がある。この目録には著作権者が図書館施設での使用を承認している映像資料が掲載されている。裏を返せば、ここに掲載されていない映像作品は図書館では購入できない。『君の名は。』のDVDはこの目録に掲載されているので購入可能だ。それによれば、本体価格は税別1万6,000円で、「上映×、館内○、館外○」と記されている。⁽⁴⁾「上映」「館内」「館外」が具体的に意味するのは以下のことである。⁽⁵⁾

［上映］
①著作権承認の映像資料を購入した所蔵施設内で、その施設が主催する不特定多数を対象にした非営利による無償同時視聴（上映）
②不特定多数を対象にするマルチスクリーン・単体モニターでのエンドレス再生（BGV）
※所蔵施設外での上映、施設以外の個人・団体が主催する上映は不可

［館内］
①所蔵施設内に設置された視聴覚ブースでの個人（原則1人）による視聴
②複数名での視聴が可能なブースの場合、家族程度の人数までによる同時視聴

［館外］
①個人への無償貸出における、家庭内などでの個人的な視聴
②貸出を受けた個人の家族による同時視聴
※団体への貸出、①②を超える目的（上映など）のための個人への貸出は不可

　公立図書館が貸し出したビデオテープやDVDを破損あるいは紛失した場

表3-1 「点字毎日」の年表

年	出来事
1922	大阪毎日新聞社（現・毎日新聞社）が「点字大阪毎日」（現「点字毎日」）創刊
1923	「点字毎日」が盲学校用の点字教科書発行を始める
1943	「点字大阪毎日」が「点字毎日」に改題
1955	ヘレン・ケラーが「点字毎日」を視察
1963	「選挙のお知らせ」発行
	「菊池寛賞」（日本文学振興会）受賞
1968	「朝日賞」（朝日新聞社、のちの朝日社会福祉賞）受賞
	ハンセン病療養所在園者にテープ版「声の点字毎日」寄贈開始
1998	「点字毎日活字版」（タブロイド判）創刊
1999	天皇、皇后両陛下（当時）が「点字毎日」を視察
2003	「News がわかる点字版」創刊
	「電子新聞」創刊
2005	「点字毎日音声版」創刊
2018	「日本記者クラブ賞特別賞」（日本記者クラブ）受賞
2020	通巻5,000号突破
2022	創刊100年

（出典：「点字と点字毎日に関する主要年表」「毎日新聞社」〔https://www.mainichi.co.jp/co-act/tenji-history.html〕〔2021年1月29日アクセス〕をもとに筆者作成）

合には、利用者が弁償することになる。ただし、図書とは違って現物弁償（同じ本を買って戻してもらうこと）ではなく、現金で弁償する。その際、図書館が購入する DVD は先に述べたように市販品よりも高額なため、弁償する利用者との間でトラブルになることがある。先ほどの『君の名は。』を例にするなら、市販では税込み4,180円だが、図書館情報資源として認可されている商品の金額1万6,000円を納めてもらうことになる。市販品の倍以上の額を請求されることに驚いて納得しない利用者もいるが、図書館の購入の仕組みをよく説明して理解してもらうしかない。

4 音声資料

　音声資料にはレコード、カセットテープ、CD などがあるが、公立図書館によっては再生機器を設置していないためレコードとカセットテープの所蔵

をやめているところもある。また、近年では音楽はスマートフォンなどにダウンロードして聴くことが多くなったため、図書館でCDを借りる利用者も今後減っていく可能性がある。

　公立図書館が今後CDの取り扱いをどうするかを検討する際には、富山県富山市立図書館の事例が参考になるだろう。同図書館は、2016年6月1日から視聴覚資料の貸出サービスを原則として終了し、利用を館内に限定しているが、その理由として次の3点を挙げている。第1に、分類番号などを印字したラベルやICタグといった資料に貼られたシールの劣化によって、利用者が自身の再生機器からDVDなどを取り出せなくなることがあり、それが機器の故障の原因になるおそれがある。第2に、貸出による資料の毀損が頻繁に起きるという問題がある。そして第3に、インターネットを通して携帯機器などに音楽をダウンロードして視聴できる民間のサービスが整ってきたため、図書館での貸出が民業圧迫になる懸念があるからである。⁽⁶⁾

5　点字・録音資料

　点字・録音資料は、主に視覚障害がある利用者のために提供されている。詳しい言葉の定義や使用する機材の具体例は第1巻『事例で学ぶ図書館サービス概論』の第8回「障害者サービス」で写真とともに紹介しているので、ここでは割愛する。

　図書館情報資源論の観点からいえば、毎日新聞社が発行する週刊点字新聞「点字毎日」が重要である。「点字毎日」は、新聞社が発行している国内で唯一の点字新聞であり、2022年5月11日に創刊100年を迎えた。「点字毎日」は、「毎日新聞」本紙の点字版ではなく、視聴覚障害者に関連がある福祉、教育、文化、生活などさまざまな分野のニュースを独自に取材・編集している。現在は、点字版のほか、大きめの活字を使った活字版（タブロイド判）、音声で聞ける音声版なども発行している。

一次情報資源と二次情報資源

1 言葉の定義

文献

『図書館情報学用語辞典 第5版』では、文献を次のように定義している。

> 刊行された印刷物。英語の document は、媒体の如何にかかわらず記録されたもの一般の総称であり、これが「文献」と訳される場合が多いが、日本語の文脈では、個人の手紙や録音物、ビデオ録画までも「文献」と呼ぶことはない。「資料」や「文書」という語と比較した場合、「文献」という用語は、特定のテーマをよく知るための拠り所、典拠となるものの総称として使われている。[7]

書誌

『図書館情報学用語辞典 第5版』では、書誌を次のように定義している。

> 何らかの基準で選ばれた図書、論文、記事などの資料一点一点の特徴を分析して、その特徴を一定の記述規則に基づき書誌データ（図書ならば、著者名、タイトル、出版地、出版者、出版年、ページ数など）に表現し、これらのデータを探索しやすいように排列したリスト。二次資料の一種で、文献リスト、文献目録ともいう。全国書誌、全国的販売書誌などの一次書誌、選択書誌、主題書誌、個人書誌などの二次書誌、「書誌の書誌」などの三次書誌に区分できる。現在では記録媒体が多様化し、電子的資料、その他の形態の資料を収録対象とするものも書誌とみなすことがある。書誌そのものの媒体も限定されず、カード形態でも電子メディアでもよい。書誌は文献の存在と書誌データを知らせるものであって、文献の所在も明示している目録とは区別される。冊子形態の書誌は、排列方式と索引の有無・種類が検索効率に影響し、それぞれの書誌の特徴となっている。[8]

抄録誌

『図書館情報学用語辞典 第5版』では、抄録誌を次のように定義している。

　　文献に対するアクセス手段と要約の提供とを目的とし、通常は主題分類の体系順に文献の書誌データと抄録を排列した定期刊行物。抄録作成に手間と時間を要するために、抄録誌が作成される専門分野は限定されている。収録対象は多様で、雑誌や新聞の記事のほかに、会議資料、学位論文、特許、テクニカルレポートなども対象とされている。冊子体の場合には、1年ないし数年分を対象とした累積索引が作成されることがある。抄録誌は索引誌と同じく、1960年代から作成過程の機械化が進行し、冊子体の抄録誌と同じ内容のデータベースが提供されている。日本の抄録誌の代表例は『科学技術文献速報』(1958-)である。⁽⁹⁾

一次資料

『図書館情報学用語辞典 第5版』では、一次資料を次のように定義している。

　　二次資料の収録もしくは加工の対象となった原資料。資料をその機能から区分する際に、オリジナルな情報を生成する「一次資料」と、それを編集、加工した「二次資料」という区分が一般的になされている。しかし、オリジナルか否かの判断の基準は明確ではなく、むしろ二次資料の情報源となるもの、さらには二次資料ではないという相対的な意味でこの語は使われている。図書や雑誌論文といった刊行形態を主たる特徴とする資料区分とは異なる観点の区分である。雑誌論文には、オリジナルな成果を発表する原著論文も、二次資料とされるレビュー論文も含まれている。歴史学で用いられる「一次史料」とはまったく異なる。⁽¹⁰⁾

二次資料

『図書館情報学用語辞典 第5版』では、二次資料を次のように定義している。

表3-2　主な文献の種類と助数詞
（筆者作成）

媒体	助数詞
図書	冊、または部
雑誌	誌、または種
新聞	紙
地図	枚
CD、DVD など	枚

一次資料を対象として、それを編集、加工した資料。大きく〈1〉一次資料を見付け出すための検索ツール（書誌、目録、抄録誌、索引誌など）、〈2〉一次資料を編集、整理したり、その内容を取捨選択し、評価を加えたりした資料（百科事典、ハンドブックなど）とに分けられる。〈1〉のみを指して二次資料と呼ぶ場合もある。一次資料、二次資料といった区分は理念的、相対的であるが、図書館の実務においては、資料の別置をするための便宜的な区分として利用される。二次資料を編集したり加工したりした資料を三次資料を呼ぶ。^{（ママ）（11）}

2　文献の種類と単位

　かつては文献といえば、紙の本や雑誌に代表されるようにもっぱら印刷媒体を指していたが、最近では情報通信技術の発達によって媒体が多様になっている。表3-2は文献の種類と助数詞を示している。印刷媒体である図書、雑誌、新聞、地図と電子媒体の CD と DVD は実体があるので数えやすいが、ウェブサイトやオンラインデータベースといったネットワーク上の情報は形をもたないために数え方が難しい。あえていえば1データ、1ファイル、1作品、1ページ、1byte などが助数詞になるだろう。

3　二次資料は情報資源を探すためのツール

　一次資料と二次資料の違いは学術雑誌を例に考えると理解しやすい。学術雑誌は文系・理系を問わずさまざまな学問分野ごとに、主に学会や大学によって発行されている。あるテーマで論文を書くときには先行研究としてそうした学術雑誌に掲載された論文を参照するが、それが一次資料にあたる。もちろん学術雑誌の論文だけでなく、図書や新聞記事なども含まれる。関連論文を探す場合には特定のテーマや分野についてのリスト、索引、抄録を利用すれば、効率よく必要な論文を見つけることができる。そうしたリストなどが、二次資料にあたる。

国立情報学研究所の「CiNii Research」や大宅壮一文庫の「雑誌記事索引⁽¹²⁾検索」は、この二次資料に該当する。両機関はいわば二次情報資源である。

第3章

図書館情報資源の歴史

1　言葉の定義

情報

『図書館情報学用語辞典 第5版』では、情報を次のように定義している。

> 送り手と受け手の存在を想定したときに、送り手からチャネルやメディアを通じて受け手に伝えられるパターン。図書館情報学では、ブルックス（Bertram Claude Brookes 1910-1991）による「受け手の知識の構造に変化を与えるもの」という定義が広く知られている。一方、受け手の内部に形成される新しい構造を情報と考えたり、作用の過程そのものを情報と呼ぶ立場もある。情報は、データと知識との区別、また、物質やエネルギーとの対比によっても説明される。情報という語は、明治の初期に酒井忠恕（1850-1897）によって造語されたが、日常的に使用されるようになったのは最近のことである。その日常的な用法では、知識が蓄積であるのに対し、情報は流れとみなされる傾向がある。情報の意味は多様で、分野に依存しているので定義ができないという意見もあるが、情報の定義や意味の探求は図書館情報学の基本的な研究課題の一つとなっている。⁽¹⁴⁾

情報メディア

『図書館情報学用語辞典 第5版』では、情報メディアを次のように定義している。

> 人間の情報伝達、コミュニケーションを媒介するもの。情報伝達に関与するものはきわめて多様なため、さまざまに概念規定が可能である。媒介する物体・装置もしくは技術的特性に焦点を合わせる場合や、単に技

術ではなく社会的なシステムであることを強調する場合がある。なお、information media は日本語からの訳語としての使用例が中心で、英語圏ではあまり使われない表現である。[15]

2　情報の保存・利用・共有化

　図書館の情報資源は以下の3つの条件を満たさなくてはならない。第一に、何らかの媒体に記録されていて、保存が可能なことである。例えば、図書であれば紙の印刷物として、新聞記事のデータベースであれば電子情報として、記録され、保存されているといえる。第二に、それぞれの媒体上の情報が伝達可能なことである。例えば、図書は持ち運びすることでそれが可能だし、新聞記事データベースもインターネットを通してアクセスできる。そして、第三に、複製が可能なことである。例えば図書はコピーすることができる（ただし、図書館でのコピーは著作権法で許された範囲内に限られる）。新聞記事データベースも、図書館がデータベースの提供元と契約している場合、プリントアウトが可能である。複製ができることで情報の利用、共有がしやすくなる。

3　情報メディア略史

　表3-3は、情報メディアの歴史を大まかにたどったものである。世界史でも扱われるテーマだが、情報メディアの歴史に興味・関心をもったら松岡正剛監修『情報の歴史21』[16]を手に取るといいだろう。この本の年表を眺めるだけでも十分勉強になる。筆者は大学時代に同じ著者の『情報の歴史』[17]と『情報の歴史を読む』[18]を読み、より情報メディアに興味をもった。メディアをどのような観点で捉えるかによって見方は変わる。「印刷術により異なる地域の人々が同一のテキストを読んだり、同一の図像を調べることができるようになったおかげで、知識は標準化されることになった」[19]といわれることもある。

　情報メディアの歴史はどこまでさかのぼるかが難しいが、古いドキュメントの例といえるものに、洞窟に描かれた壁画などがある。[20]例としてはスペインのアルタミラやフランスのラスコーの洞穴絵画が有名である。これが最古

の情報の記録である。文字や印刷術という点では、古代オリエント世界ではシュメール人の楔形文字が粘土板に刻み込まれ、多くの民族の間で使用されていたと考えられる。古代エジプトでは、パピルス草から作った紙の一種であるパピルスに文字が書かれていた。

中国では古代の殷（前16世紀ごろ―前11世紀ごろ）の時代には亀甲や獣骨に刻んだ甲骨文字があった。後漢（25―220年）の時代になると製紙技術が改良されて紙が普及し、文字の書体

表3-3　情報メディアの主なできごと（筆者作成）

年代		主なできごと
紀元前	3000	粘土板：楔形文字
	2500	パピルス：象形文字
	1500	甲骨文書：甲骨文字
	1000	竹簡の普及
紀元後	100	紙の改良、コデックス誕生
	1450	活版印刷の発明
	1700	石版印刷の発明
	1800	銀板写真の発明
	1900	オフセット印刷の発明
	1930	写植機の発明
	1960	コンピューター製版の開始
	1970	VHS対ベータの規格競争発生
	1980	CDの普及、インターネット登場
	1990	インターネットの世界的普及

は隷書に統一されて辞書も作られた。唐（618―907年）の時代に始まった木版印刷は宋（960―1279年）の時代に普及し、活字印刷術も発明された。

紙が全世界的に普及するようになったのは、751年のタラス河畔の戦いがきっかけだった。アラブのムスリム軍が唐の軍隊を破った際に唐軍の捕虜から製紙法が伝えられたことで、サマルカンド（現在のウズベキスタン）に製紙工場が造られることになった。この技術がヨーロッパに伝わったのは、13世紀。15世紀半ばごろにヨハネス・グーテンベルクが考案した活版印刷機が普及すると、書物の制作はそれまでの写本よりはるかに迅速に、そして安価に作れるようになり、このことは情報の伝達に大きく貢献した。その後、18世紀末にアロイス・ゼネフェルダーが石版印刷を発明し、これが20世紀初頭のオフセット印刷の発明につながった。

現在は、スマホで誰もが手軽に写真や動画を撮影できるが、写真もまた情報の記録である。18世紀にルイ・ジャック・マンデ・ダゲールが世界で初めて実用的な写真撮影法を発明した。これは銀板写真といい、銀メッキを施した銅板に像を感光させるもので、感光まで長い時間がかかり、撮影できる写真は1枚だけで、複製を作ることができなかった。

20世紀中頃には、コンピューターの発達によって、文字、画像、音声、

映像すべてがデジタル形式で扱えるようになった。

　先に述べたように、近年はビデオテープを所蔵している図書館は館種を問わず減っている。1970年代後半からソニーのベータ方式とビクターのVHS方式というビデオの規格競争が始まったが、最終的にはVHSが標準規格になった。ビデオが映像資料の主流だったころは、図書館で視聴したり借りたりしたビデオテープは必ず巻き戻しをしてから返却したものである。

　1995年のWindows95日本語版の発売は、日本のインターネット普及に大きく貢献した。筆者は中学3年生のときに98年に発売されたiMacを使っていて、WindowsとMacでデータのやりとりをしていると互換性がないため文字化けを起こして苦労した。ウェブブラウザとしては、現在はMicrosoft EdgeやAppleのSafariが主流だが、Internet ExplorerやNetscape Navigatorを懐かしいと思う世代はいるだろう。ウェブブラウザによってウェブサイトを見ることができないことは現在も一部あるものの、そのような状況はかなり減ったといえる。

注

（1）「マイクロ資料」、前掲『図書館情報学用語辞典 第5版』
（2）「視聴覚資料」、同書
（3）安形麻理／小島浩之／上田修一／佐野千絵／矢野正隆「日本の図書館におけるマイクロ資料の保存の現状——質問紙による大学図書館と都道府県立図書館の悉皆調査から」、日本図書館情報学会編「日本図書館情報学会誌」第60巻第4号、日本図書館情報学会、2014年、129—147ページ
（4）『著作権承認済TRC映像資料目録2022年度』図書館流通センター、2022年、146ページ
（5）「著作権承認済DVDのご利用にあたって」「TRCデータ部ログ」（http://datablog.trc.co.jp/2016/11/04150044.html）［2023年1月29日アクセス］
（6）「富山市立図書館（富山県）、視聴覚資料貸出サービス終了について発表」「カレントアウェアネス・ポータル」（https://current.ndl.go.jp/car/31402）［2021年1月29日アクセス］
（7）「文献」、前掲『図書館情報学用語辞典 第5版』
（8）「書誌」、同書
（9）「抄録誌」、同書
（10）「一次資料」、同書
（11）「二次資料」、同書
（12）「CiNii Research」（https://cir.nii.ac.jp/）［2023年1月29日アクセス］

(13) 「Web OYA-bunko 大宅壮一文庫 雑誌記事索引検索 Web 版」（https://www.oya-bun-ko.com/）［2023年1月29日アクセス］
(14) 「情報」、前掲『図書館情報学用語辞典 第5版』
(15) 「情報メディア」、同書
(16) 松岡正剛監修、編集工学研究所／イシス編集学校構成『情報の歴史21──象形文字から仮想現実まで 第2版』編集工学研究所、2021年
(17) 松岡正剛監修、編集工学研究所構成『情報の歴史──象形文字から人工知能まで 増補』（Books in form special）、NTT 出版、1996年
(18) 松岡正剛『情報の歴史を読む──世界情報文化史講義』（Books in form special）、NTT 出版、1997年
(19) ピーター・バーク『知識の社会史──知と情報はいかにして商品化したか』井山弘幸／城戸淳訳、新曜社、2004年、24ページ
(20) デビッド・ボーデン／リン・ロビンソン『図書館情報学概論』田村俊作監訳、塩崎亮訳、勁草書房、2019年、23ページ

電子資料、ネットワーク情報資源の類型と特質

第1章

電子資料

1　言葉の定義

電子資料

『図書館情報学用語辞典 第5版』では、電子資料を次のように定義している。

> 情報の蓄積、流通に電子的なメディアを用いた資料。メディアの記録形式からはデジタル資料ということもできる。電子資料は、情報を記録メディアに固定して物流システムで利用者に配送するパッケージ系資料と、情報を通信システムで利用者に伝送するネットワーク系資料に大別される。また、蓄積メディアが利用者の手元にあるか否かにより、ローカルアクセス資料とリモートアクセス資料に二分することもできる。[1]

2　電子資料の種類

　図書館で扱う電子資料は、主にデータベース、電子ジャーナル、電子書籍に分類されると考えていい。公立図書館よりも大学図書館のほうが電子資料の提供が盛んである。表4-1は2021年度の「学術情報基盤実態調査」の結果をまとめたものである。これは国公私立大学計809 大学（国立86、公立98、私立625、回答率100%）を対象にした調査だが、そのなかの「電子図書館的機能」の回答に基づいている。それによると電子的サービスの実施率は94.3%にのぼる。それに対して図書や雑誌の全文閲覧サービスは60%台に

表4-1 大学図書館の「電子図書館的機能」の回答の一部

項目		大学数（校）	実施率（%）
電子的サービスを提供している		763	94.3%
全文閲覧サービス	図書	521	64.4%
	雑誌	542	67.0%
	貴重資料等コレクション	153	18.9%
情報検索サービス	ディスカバリーサービス	174	21.5%
	二次情報データベース	471	58.2%

（出典：「令和3年度 学術情報基盤実態調査」「e-Stat」［https://www.e-stat.go.jp/stat-search/files?page=1&layout=datalist&toukei=00400601&tstat=000001015878&cycle=0&tclass1=000001164026&tclass2=000001164027&tclass3val=0］［2023年3月11日アクセス］をもとに筆者作成）

とどまっている。

　個人的経験を例に挙げると、筆者は2002年に早稲田大学に入学した際、図書館がおこなったデータベース検索講習会で、さまざまなデータベースについて図書館員からレクチャーを受けた。「世界大百科事典（WWW 版）」はインターネット上の百科事典、「朝日新聞 聞蔵 DNA（デジタル・ニュース・アーカイブ）for Libraries」は「朝日新聞」（1984年8月以降）、「AERA」「週刊朝日」の各ニュース記事の検索エンジン、「日経テレコン21」は日本経済新聞社が発行する各種新聞・雑誌の記事全文と企業およびその人事情報などの検索ツール、「ISI（International Scientific Indexing）」と「Web of Science」は自然・社会・人文科学分野の論文・引用文献を検索できるオンライン学術データベースで、これらが当時、図書館で利用できた。こんなに便利なものがあるのかと驚いたものだ。このとき、利用に必要な範囲内に限って内容をダウンロードないしプリントアウトすることができるが、大量のデータをダウンロードしてはいけないと図書館員が言っていたのも覚えている。大学卒業後の06年から勤務した公立図書館にはデータベースはまだ1件しか導入されておらず、当時は公立図書館全体としてもデータベースと契約しているところは少なかった。

　日本での電子資料の扱いは、欧米で普及するようになると少し遅れて日本の大学図書館の業界で話題になり、さらにそのあとに日本の公立図書館で導入の議論が始まるというのが現実だ。館種によってはすぐにデータベースを

導入するのは難しいだろうが、利用可能性を探る実証実験などを積極的におこなう努力はできるだろう。

大学図書館では、学生に向けて図書館の使い方や資料の探し方だけでなく、データベース、電子ジャーナル、電子書籍などの電子資料の利用方法もガイダンスしている。大学図書館で電子資料を使っていた学生が、卒業後は最寄りの公立図書館に電子資料がなくて使えないというのでは不便だ。地域の公立図書館に自分が利用したいデータベースがない場合は、図書館員に要望を出そう。ただし、第2巻『事例で学ぶ図書館制度・経営論』で述べたように、図書館のサービス計画と予算の確保には時間がかかるので、導入までには時間を要する。しかし、まずは来館者が要望することが重要だ。

3　電子資料の利用上の注意

電子資料の利用者には、サービス提供元が定めている利用規約を順守する義務がある。利用規約は電子資料ごとに異なるので、注意が必要である。来館者がそのことをよく理解していない場合、知らず知らずのうちに不適切な行為をしてしまう危険もある。図書館側としては利用規約をわかりやすく利用者に伝える必要がある。最悪の場合、利用者の不作為の操作が不適切な利用とみなされ、サービス提供元から警告を受けたうえでサービス停止になることもある。

図書館でデータベースから情報を引き出す場合には、原則として必要な部分だけをそのつど PDF で表示したり印刷したりしなくてはならない。具体的には以下のような場合には、利用規約違反とみなされる。

例えば、検索ロボットやクローラーなどの、データベースから自動的に情報を引き出すプログラムを使用してデータをダウンロードすると、大量または一括ダウンロードとして問題になる。また、利用者が手作業で PDF を連続して大量に開いた場合や、特定の電子ジャーナルの1冊分の半分以上を一挙にダウンロードした場合も、大量ダウンロードとみなされる。このように大量かつ一括のダウンロードは利用規約違反にあたる。さらに、ダウンロードした資料は、利用を認められた者以外に利用させてはならない。また、個人利用以外の目的で内容を複製・頒布・改変した場合には、著作権を侵害する行為とみなされる。

電子書籍

1　言葉の定義

電子書籍

『図書館情報学用語辞典 第5版』では、電子書籍を次のように定義している。

> 従来は印刷して図書の形で出版されていた著作物を、電子メディアを用いて出版したもの。従来の図書とは異なり、〈1〉表示方式、出力方式を読者が自由に変更できる、〈2〉音声や動画を含めたマルチメディアにすることが可能である、〈3〉項目間にリンクを張ったハイパーテキストにすることが可能である、〈4〉コンピュータまたは専用の機械がなければ読むことができない、などの特徴がある。コンテンツはインターネットなどで頒布され、電子書籍専用端末、コンピュータ、スマートフォンやタブレット型端末などの携帯情報端末を用いて閲覧する。[(2)]

2　紙の図書と電子書籍の違い

　電車やバスのなかで、スマホやタブレットで漫画や新聞、小説を読んだり動画を観たりしている人を見かけることが多くなった。筆者の学生時代は車内で「週刊少年ジャンプ」や新聞を読んでいる人をよく見かけたものだ。読み終えた新聞が網棚に置いていかれ、それを別の乗客がまた読むといった光景も珍しくなかった。情報通信技術の発達によってこうした風景は大きく変わった。電子書籍は、紙の本と比べると場所をとらないため、持ち運びに便利だ。また、紙の本が定価制なのに対して、電子書籍はキャンペーンなどによって安く買える場合がある。ただし、紙の本がすべて電子書籍になっているわけではない。紙の本だけを出版して電子書籍にしないケースもあるし、電子書籍でしか販売されない本もある。

　紙の本と電子書籍は実際にはどのように違うのだろうか。図4-1は拙著『事例で学ぶ図書館サービス概論』の紙版の書籍の冒頭部分である。ページ

の下側にページ番号が印刷されている。図4-2は、同書の電子書籍版の同じ箇所である。文字の大きさ、文字組み、余白、画面の明るさなどを調節できる。紙の本と違って文字の大小や横組み／縦組みなどのレイアウトを変えることができ、それによって1ページに表示される分量が変わる。紙の本と違ってページが固定されないのが大きな特徴である。電子書籍を読んでいるとき、その端末がインターネットに接続していれば、選択した箇所には図4-3のようにウェブ検索結果が表示されることもある。

第3章

電子図書館

1　言葉の定義

電子図書館

『図書館情報学用語辞典 第5版』では、電子図書館を次のように定義している。

> 資料と情報を電子メディアによって提供すること、とりわけネットワークを介して提供することをサービスの中心に据えて、従来の図書館が担ってきた情報処理の機能の全体または一部を吸収し、さらに高度情報化社会の要請に呼応した新しい機能を実現させたシステムまたは組織、機関。1960年代以降の図書館機械化の流れの中で、1980年代後半から北米の議論が日本にも紹介され、1994年に長尾真（1936-）による電子図書館構想「アリアドネ」、1998年に「国立国会図書館電子化構想」（1998-）が発表された。公共図書館の電子書籍貸出サービスを指して「電子図書館サービス」と呼ぶこともあり、電子出版制作・流通協議会の調査では全国86館で実施されている（2019年現在）。インターネット上のシステムやサービスを指して「デジタルライブラリー」とも呼ばれる。[3]

青空文庫

『現代用語の基礎知識』では、青空文庫を次のように定義している。

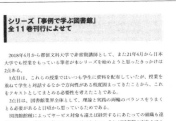

図4-1 『事例で学ぶ図書館サービス概論』紙の図書

図4-2 『事例で学ぶ図書館サービス概論』電子書籍

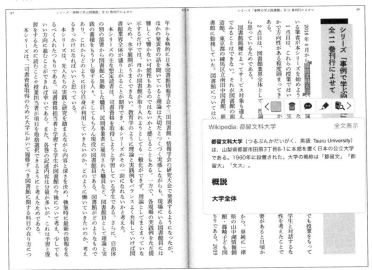

図4-3 『事例で学ぶ図書館サービス概論』電子書籍縦組み。選択した箇所に関連する情報のウェブ検索結果が表示されている

インターネット上の電子図書館。だれでも収録作品を無料で読める。著作権の保護期間（2018年12月29日までは死後50年、以降は死後70年）を過ぎた本および著作権者が公開（自動公衆送信）を許諾した作品について、ボランティアが入力・校正して公開している。1997年に富田倫生（〔とみたみちお〕52〜2013）のよびかけで設立。作品数は21年10月現在で1万6745作品（うち、著作権があるものが362作品）。国内の電子書店では、この青空文庫のタイトルも含めて「蔵書数」と宣伝していることが多い。[4]

2　公立図書館による電子図書館サービスの導入

　電子図書館とは、単に市販の電子書籍を借りて読むことができるシステムではない。なぜなら、個人向けの電子書籍と図書館向けの電子書籍はまったく異なるものだからである。個人向けの電子書籍は、出版社が個人利用だけを許諾して販売しているが、図書館向けの電子書籍は貸出を含む図書館利用を前提として配信を許可している。このため、一般の電子書籍サイトで販売されている電子書籍を、図書館が運営する電子図書館でも借りられるとはかぎらない。著者も出版社も、図書館で電子書籍を配信すると利用が殺到してしまい、個人向けの電子書籍の売り上げに響くのではないかと懸念して、図書館には電子書籍を販売（提供）しないことがあるためである。配信方式は、個人向けの電子書籍はダウンロード方式、図書館向けの電子書籍はストリーミング方式となっている。また、図書館には市販されていない独自の電子書籍が提供されているというのも、市販の電子書籍と電子図書館が大きく異なる点の一つである。特に公立図書館では自治体が発行した地域資料や貴重な資料をデジタル化して、電子図書館のシステムで検索して閲覧できるようになっている。

　図書館が提供している電子図書館サービスを館種ごとに大別すると、表4-2のようになる。「LibrariE&TRC-DL」は主に公立図書館と学校図書館を対象にしたサービスであり、最も多くの図書館に導入されている。電子出版制作・流通協議会（電流協）によると、2023年4月1日時点で、電子図書館（電子書籍サービス）を実施している自治体数は501にのぼり、396館の公立

表4-2　館種ごとの主な電子図書館サービス（筆者作成）

館種	サービス名	企業名・特徴など
公立	LibrariE&TRC-DL	図書館流通センター、大日本印刷。導入実績 No.1「LibrariE」と「cloudLibrary」（洋書）のコンテンツを統合
公立	LibrariE	日本電子図書館サービス、大日本印刷、紀伊國屋書店、講談社、KADOKAWA。TRC-DL にコンテンツ提供
公立	OverDrive	オーバードライブ（US）、メディアドゥ。主に洋書
大学	KinoDen	紀伊國屋書店。専門・学術書
大学	Maruzen eBook Library	丸善雄松堂、大日本印刷。専門書・学術書
大学	EBSCO eBooks	EBSCO 社。専門書・学術書
学校	School e-Library	e ライブラリー有限責任事業組合（教科書供給会社の有志企業）。小・中・高校向け

表4-3　A市立図書館の1カ月間（2021年6月1日から6月30日）の年代別デバイス別電子書籍貸出件数（筆者作成）

区分	Windows 件	Windows %	Mac 件	Mac %	Android 件	Android %	iOS 件	iOS %	その他 件	その他 %	合計 件	合計 %
10歳未満	4	0.7	1	0.5	7	2.2	2	0.6	0	0.0	14	0.9
10-19歳	9	1.5	53	24.9	20	6.3	14	4.0	1	100.0	97	6.6
20-29歳	14	2.3	9	4.2	15	4.7	28	17.5	0	0.0	66	4.5
30-39歳	15	2.5	17	8.00	36	11.3	61	34.4	0	0.0	129	8.7
40-49歳	168	28.1	42	19.7	120	37.6	120	20.1	0	0.0	450	30.4
50-59歳	73	12.2	60	28.2	66	20.7	70	10.3	0	0.0	269	18.2
60-69歳	79	13.2	17	8.00	37	11.6	36	4.9	0	0.0	169	11.4
70-79歳	226	37.8	12	5.6	15	4.7	17	0.3	0	0.0	270	18.2
80歳以上	6	1	2	0.9	3	0.9	1	0.0	0	0.0	12	0.8
不明	4	0.7	0	0.0	0	0.0	0	0.0	0	0.0	4	0.3
合計	598	100	213	100	319	100	349	92.1	1	100	1,480	100

図書館がサービスを提供している。⁽⁵⁾

　小規模自治体もまた電子図書館を導入している。沖縄県の読谷村立図書館は、読谷村に在住、在勤、在学し、村立図書館に利用登録している者なら誰でも利用できる「読谷村電子図書館」⁽⁶⁾を開設した。熊本県の南阿蘇村も同様に、南阿蘇村図書室に利用登録していれば利用できる「南阿蘇電子図書館」⁽⁷⁾を開設している。

　また、子ども向けに特化した電子図書館も存在する。福岡県の北九州市立

図書館は「北九州市子ども電子図書館」[8]を開設し、広島県立図書館は主に青少年を対象にした「With Books ひろしま」[9]を開設している。栃木県矢板市には、矢板市立図書館が提供している「矢板市電子図書館」[10]とは別に、矢板市立学校電子図書館「ともなりライブラリー」[11]がある。この学校電子図書館を開設してから、小・中学生の読書量が増加したという。矢板市教育委員会によると、「2021年度に読んだ本は139,132冊で、19年度の48,056冊から3倍近くに増加。中学生は9,754冊で、19年度は5,537冊だった」[12]という。

　筆者は公立図書館の電子図書館サービスの導入状況について2020年と21年の2度にわたって調査を実施し、その詳細を『公立図書館における電子図書館サービスの現状』[13]という書籍にまとめて公表している。表4-3は、関東地方にある人口50万人以上100万人未満の都市A市の図書館が、21年1月に電子図書館サービスを開始したその年の6月1日から30日までの1カ月間にどれだけの電子書籍が貸し出されたかを、年代別とデバイス別に整理したものである。貸出件数の合計は1,480件、年代別にみると40歳から49歳が450件と最も多く、デバイス別にみるとWindowsが598件と最も多い。また、年齢とデバイスをクロスしてみると、70歳から79歳のWindows使用者が226件と最も多い。電子図書館の利用にはパソコンやタブレット端末を操作しなくてはならないことから高齢者の利用は少ないものと想像しがちだが、実はこの調査のほかにも60歳以上の利用が一定数あることがわかった。高齢で足腰が弱くなったり、体に障害が生じて図書館に行くことができなくなった人にとって、むしろ電子図書館は有益なサービスなのである。コンテンツが充実していれば、電子図書館は図書館サービスの一環として、これまでにない読書環境を住民に提供することができる。

3　長野県立長野図書館の事例

　長野県では、2022年8月から県と市町村による協働電子図書館サービス「デジとしょ信州」を運営している。21年に県立長野図書館が県内の図書館を対象に電子図書館に関するアンケートをおこなったところ、各館単独での電子書籍貸出サービスの導入は予算やコンテンツの選定などの面でハードルが高いことが明らかになった。そこで、「長野県DX戦略」の一環として、市町村を超えた連携によって電子図書館を開設できないか検討することにな

った。21年8月、県と各市町村がコストを負担して、協働して電子図書館を運営するうえで必要な規定やコンテンツ選定基準を制定し、加えて担当職員向けの研修などを開始した。県立長野図書館が初年度にかかるサービスを提供するためのウェブサイトなどの制作費用、ならびに電子図書館サービスで電子的な本棚を使用するための月額基本料を負担した。22年度には電子書籍の購入費用の一部も負担したが、市町村立図書館がそれ以外の電子書籍の購入費用を負担した。22年度は、長野県市町村振興協会の宝くじ助成事業から、電子書籍の購入費として2,000万円の助成を受けた。

「デジとしょ信州」は、県内の市町村のいずれかに在住、在勤ないし在学する者なら利用申し込みができる。コンテンツ数は1万8,000点以上で、小説やライトノベルなどの読み物だけでなく、レシピ本、ビジネス書などの実用書や、児童図書・絵本、洋書、青空文庫（1万1,000点）が含まれる。2022年11月5日時点では利用登録数は8,324人、貸出数は2万6,889冊である。貸出者の年代は全世代に及ぶが、40代が最も多く、全体の23%を占める。[14]

第4章
ネットワーク情報資源

1 言葉の定義

ネットワーク情報資源

『図書館情報学用語辞典 第5版』では、ネットワーク情報資源を次のように定義している。

> インターネットを基盤とするコンピュータネットワークを介して探索、入手、利用可能な情報資源。電子書籍や電子ジャーナルに加えて、古文書などを電子化したデジタルアーカイブ、インターネットで提供されているデータベース、ウェブ公開されている電子資料、ウェブページ、SNS、ウェブ配信の動画などを含む。一般的特徴としては、〈1〉多様な表現様式を一元的に記録、伝達し、加工や再利用が容易、〈2〉パッケージ系メディアと通信系メディアの特徴を合わせ持つ、〈3〉情報の更新、移動、削除などが頻繁に行われ、存在が流動的、〈4〉ウェブの普

及に伴いハイパーテキスト構造を持つものが多く、情報が断片化すると同時に癒着しており、書誌的単位が不明瞭などの点があげられる。[15]

デジタルアーカイブ

『図書館情報学用語辞典 第5版』では、デジタルアーカイブを次のように定義している。

> 有形・無形の文化財をデジタル情報として記録し、劣化なく永久保存するとともに、ネットワークなどを用いて提供すること。最初からデジタル情報として生産された文化財も対象となる。「デジタルアーカイブ」という用語は1990年代半ばから使われ始めたが、指す範囲や対象はさまざまである。主な担い手は、博物館や美術館、図書館、文書館、研究機関などである。米国議会図書館によるアメリカ史に関する資料を電子化した「アメリカンメモリー」や、国立国会図書館が所蔵する紙媒体やレコード等の資料をデジタル化した「国立国会図書館デジタルコレクション」がその代表例である。デジタル情報の長期保存に関わる標準規格として「OAIS参照モデル」（ISO14721）がある。[16]

2　e-Stat、ジャパンサーチ

　団体や組織などがそれぞれの方針に基づいて収集・整理した情報は、インターネット上で公開されることが多くなった。そのおかげで私たちはそれらを検索して必要な情報を見つけ出し、閲覧することができる。さらにコンテンツによっては、情報をダウンロードし、必要に応じて加工もできる。ネットワーク情報資源は図書と違って情報量が膨大で速報性もある。例えば、「e-Stat」は、日本の統計が閲覧できる政府統計ポータルサイトである。人口や世帯数の変化を知りたければ、「住民基本台帳に基づく人口、人口動態及び世帯数調査」を過去にさかのぼってたどることができ、「都道府県別人口、人口動態及び世帯数」などのExcelデータをダウンロードすることもできる。[17] 2020年8月に正式に公開された「ジャパンサーチ」は、国立国会図書館が提供するさまざまな分野のデジタルアーカイブと連携し、検索・閲覧できるサイトである。[18] 連携データベース数は196、連携機関数は110、メタデ

ータ件数は2,637万4,409件にのぼる。

3 鳥取県立図書館「とっとりデジタルコレクション」の事例

　鳥取県立図書館の事例は、ほかのデジタルアーカイブと連携することで利活用の幅を広げた成功例といえる。同館の「とっとりデジタルコレクション」は、資料保存を図りながら地域文化の再認識や活性化につなげることを期待して、鳥取県立図書館、鳥取県立公文書館、鳥取県埋蔵文化財センター、鳥取県立博物館の4館が所蔵する資料をデジタル化し、インターネット上で公開しているサイトである。2021年3月に運用を開始し、8月末にはアクセス件数が約11万1,800件（図書館：約7,500件、博物館：約8万5,500件、公文書館：約1万8,500件、埋蔵文化財センター：約300件）に達した。同年9月からは「ジャパンサーチ」との連携が開始し、「ジャパンサーチ」からも「とっとりデジタルコレクション」所蔵資料の検索が可能になったことで利便性が向上し、利用の幅が広がっている。利用が多い資料としては、図書館所蔵のものでは掛け軸画「鍾馗図」（作：沖一峨）と鳥取県郷土調査「著名なる郷土人」、博物館所蔵のものでは「家老日記（文化12年11月16日）」と地上定点写真「鳥取駅前から若桜街道方向」などがある。[19]

第5章
機関リポジトリ

1 言葉の定義

機関リポジトリ

『図書館情報学用語辞典 第5版』では、機関リポジトリを次のように定義している。

　　大学や研究機関が主体となって所属研究者の知的生産物を電子的に収集、蓄積、提供するシステム、またそのサービス。学術機関リポジトリともいう。収集対象および範囲は、各リポジトリの方針により、査読済

み学術雑誌論文からプレプリント、教材、美術資料など多岐にわたる。研究成果の投稿機能、管理・保存機能、検索機能に加え、相互運用を可能とする OAI-PMH を実装することが一般的である。実際の学術情報の収集と公開の促進に関しては、リポジトリを設置する機関の図書館が中心となり業務を行っているケースが多い。大学などの学術機関による研究成果の情報発信機能を担うものとして期待されるほか、オープンアクセスを実現する仕組みとしても注目されている。国際的な商業出版社や学協会も機関リポジトリへの学術論文のセルフアーカイビングを許可する傾向にある。[20]

2　機関リポジトリと地域共同リポジトリ

　機関リポジトリで提供している主なコンテンツは論文である。具体的には、学術雑誌に掲載された論文、博士論文などの学位論文、学内紀要に掲載された論文である。特に学内紀要に掲載された論文は、学術雑誌に掲載されるレベルではないものの貴重なデータを提供していることがあり、研究者にとって有益な情報になることがある。国立情報学研究所（NII）が提供している学術機関リポジトリデータベース（IRDB）では、論文などが検索できるだけでなく、IRDB にデータを提供している機関リポジトリの一覧を見ることができる。[21]

　福井大学図書館では2007年に機関リポジトリを公開したが、09年にはそこに、福井県立図書館、福井県文書館、福井県立歴史博物館などが参加し、「福井県地域共同リポジトリ」として運用している。[22]「山口県大学共同リポジトリ」は、宇部工業高校などの専門学校も含む山口県大学図書館協議会に加盟する図書館の設置主体である大学と短期大学など、17の機関から構成されている。[23]

第6章
商用データベース

1　商用データベースの概況

表4-4　長崎市立図書館が来館者に提供しているデータベースの一覧

分野	名称
総記	Japan Knowledge Lib
書誌情報	BookPlus ／ MagazinePlus
新聞記事	朝日新聞クロスサーチ／ヨミダス歴史館／毎索／西日本新聞データベース／パソコンで読む長崎の歴史
人物情報	WhoPlus
歴史・地理	Web 版デジタル伊能図
官庁情報	官報情報検索サービス
法令	TKC ローライブラリー
ビジネス	日経テレコン21／ JRS 経営情報サービス／市場情報評価ナビ（MieNa）
科学・技術	JDream Ⅲ
医療・健康	医中誌 Web ／ yomiDr.（ヨミドクター）
農業・食品	ルーラル電子図書館

（出典：「商用データベース一覧」「長崎市立図書館」〔http://lib.city.nagasaki.nagasaki.jp/siryo/online/online.html〕〔2023年3月11日アクセス〕をもとに筆者作成）

　商用データベースとは、インターネットを通して利用できる有料のデータベースのことである。閲覧には料金が発生するが、図書館が契約しているものなら、基本的には図書館の来館者は無料で使うことができる。大学生や大学教員などは、大学図書館が契約しているデータベースであれば、図書館に行かなくても学内ネットワークに接続して自宅や研究室から利用することができる（リモートアクセス）。公立図書館の場合は、基本的には図書館内に設置したパソコンなどから商用データベースを利用することができる。さまざまな商用データベースがあるが、なかでも図書館が契約して提供していることが多いものに「日経テレコン21」「朝日新聞クロスサーチ」「Japan Knowledge Lib」などがある。

2　長崎県長崎市立図書館の事例

　表4-4は、長崎市立図書館が来館者に提供している商用データベースの一覧である。来館者であれば「日経テレコン21」「朝日新聞クロスサーチ」「Japan Knowledge Lib」はもちろんのこと、「医中誌 Web」も利用できる。これは、医学と歯学・薬学・看護学などの関連分野の国内専門雑誌に掲載さ

れた医学論文情報が検索できるデータベースで、医学中央雑誌刊行会が提供
している。

　長崎市立図書館が商用データベース選定にあたって重視したのは、幅広い
ジャンルを網羅することと、図書館がビジネス街に立地しているため、特に
ビジネス支援に役立つものを選ぶことだった。なお、地域新聞である「長崎
新聞」のデータベースは利用が多いため、一度に2端末で使用できるように
した。「長崎新聞」のデータベースはキーワード検索ができないため、1端
末を検索ができる「長崎新聞データベース plus 日経テレコン」にすること
を検討したが、「長崎新聞」の利用者が多いので2端末とも「長崎新聞」の
データベースのままにすることにした。「長崎新聞データベース plus 日経テ
レコン」には1999年7月10日以降の記事しか収録されていないが、古い記事
を閲覧する利用者が多いため、「長崎新聞」のデータベースがよく利用され
ていたのである。

　データベースの利用を促進するために、長崎市立図書館ではレファレンス
で来館者に対応するときにデータベースについて紹介したり、パスファイン
ダー（資料の調べ方ガイド）のなかで解説したりしている。コロナ禍前は、
「毎索」や「MieNa」「医中誌 Web」などのデータベースの使い方の講習会
も実施していた。各社の利用規約に抵触しなければデータベースからのプリ
ントアウトも可能である。

第7章
電子ジャーナル

1　言葉の定義

電子ジャーナル

『図書館情報学用語辞典 第5版』では、電子ジャーナルを次のように定義し
ている。

　　従来は印刷物として出版されていた雑誌、とりわけ学術雑誌と同等の内
　　容を、電子メディアを用いて出版したもの。電子雑誌、e- ジャーナ
　　ル、オンラインジャーナルともいう。ウェブの利用が主流となってい

る。紙媒体の雑誌と並行して出版されるもの、電子版のみのものがある。オープンアクセス雑誌のように読者にとっては無料で公開されるものもある。[24]

2　電子ジャーナルの発展と現状

　いまや大学図書館に電子ジャーナルがあるのはごく一般的だが、電子ジャーナルがここまで普及した直接の契機は、1993年から95年ごろにさかのぼる。当時、チューリップ（TULIP：The University Licensing Program）プロジェクトと呼ばれる大学内のネットワークを利用して電子ジャーナルを配信する実験的なプロジェクトが、エルゼビア社、パーガモン社（のちにエルゼビアに吸収合併）とアメリカの9大学図書館との共同プロジェクトとして実施された。学術雑誌に掲載された論文全文をネットワークを介して利用者のパソコンに直接配信するというこのプロジェクトは画期的だった。この成功によって、出版社が大学図書館を通じて、印刷版学術雑誌と同等の内容を電子ジャーナルとして提供する仕組みができあがり、現在の電子ジャーナル勃興へとつながったのである。[25]

　現在、多くの大学図書館が国際的な大手出版社と結んでいる契約は、多数の電子ジャーナルをまとめて購読することで大幅な価格割引を受けるというもので、これをパッケージ契約、一括契約、ビッグディールなどという。これによって閲覧できるタイトル数が増えたことは間違いないが、その一方で数社の大手出版社による寡占状態が起きていて、高額の購読料が図書館予算を圧迫しているのもまた事実だ。実際に、契約を打ち切る図書館も出てきている。[26]

　2022年は円安の影響で海外の電子ジャーナルが値上がりし、大学図書館は苦境に立たされた。例えば山口県立大学図書館は、代理店を通じて海外の学術出版社から22種類の電子ジャーナルを購入している。22年の契約料は計526万円だったが、次年度に更新するために出版社側から提示された見積金額は約39％値上げの732万4,000円だったという。[27]

ディスカバリーサービス

1 言葉の定義

ディスカバリーサービス

『図書館情報学用語辞典 第5版』では、ディスカバリーサービスを次のように定義している。

> 図書館の蔵書に加えて、データベースや電子ジャーナルなどの多種多様な情報資源を、同一のインターフェースで統合的に検索できるシステムまたはサービス。ディスカバリ・インターフェースや次世代 OPAC と呼ばれるものとほぼ同義であり、利用者に発見（discovery）をもたらすとして大学図書館を中心に導入されている。紙媒体などの物理的形態を有する蔵書のメタデータに加えて、電子ジャーナルや電子書籍、データベース、機関リポジトリなどの本文（フルテキスト）を一括して検索することができる。横断検索とは異なり、電子コンテンツに対してハーベスティングと呼ばれる定期的な事前データ更新を行う。統合検索機能に加えて、資料種別や言語などによるファセット検索、FRBR の著作に基づく書誌レコードのグループ化表示、検索結果の適合度順出力といった機能を持つことが一般的である。[(28)]

2 ディスカバリーサービス導入の現状

　筆者は、2012年におこなわれた図書館総合展（図書館関係者向けの見本市）で、大学図書館のディスカバリーサービス導入事例のフォーラムに出席したが、このときの印象では、電子資料と同様に、まず大学図書館で導入されるようになってから、次第に公立図書館への導入が進むのではないかと感じた。ディスカバリーサービスは、多様な資料を一度に検索でき、学術論文の検索に便利なことから重要な検索ツールだと思うが、23年時点で公立図書館への導入はまだ低調である。

　先駆的な例として、千葉県八千代市立中央図書館が2020年8月にディスカ

バリーサービスを導入した。来館者が検索したいキーワードを入力すると、図書館が所蔵する資料だけでなく、インターネット上で公開されているオープンアクセス資料に加えて、八千代市立中央図書館が契約している「Japan Knowledge Lib」「朝日新聞クロスサーチ」「医中誌 Web」「日経 BP 記事検索サービス」「ブリタニカ・オンライン・ジャパン」の5つのデータベースの検索もできる。

3　京都府立図書館の事例

　京都府立図書館がディスカバリーサービスの導入について実証実験をおこない、その結果をまとめて公表しているので紹介する。内容は以下のとおりである。⁽²⁹⁾

［実施期間］
2017年7月28日から18年1月24日（9月20日以降は館外からの利用も可能とした）

［利用したサービス］
EBSCO Discovery Service（EBSCO Information Services Japan と図書館流通センターが共同で提供する公共図書館向けトライアルを利用）

［利用状況］
・府立図書館内からのアクセス
EBSCO Discovery Service トップ画面にアクセスした回数：1,067件（178件／月）
EBSCO Discovery Service の検索結果から詳細画面を開いた回数：1,337件（223件／月）

・府立図書館外からのアクセス
EBSCO Discovery Service トップ画面にアクセスした回数：1,513件（378件／月）
EBSCO Discovery Service の検索結果から詳細画面を開いた回数：896件

（224件／月）

注

(1)「電子資料」、前掲『図書館情報学用語辞典 第5版』
(2)「電子書籍」、同書
(3)「電子図書館」、同書
(4)「青空文庫【2022】」『現代用語の基礎知識 2022』自由国民社、2022年。傍点部は原文では太字。
(5)「電子図書館（電子書籍サービス）実施図書館」「電子出版制作・流通協議会」（https://aebs.or.jp/Electronic_library_introduction_record.html）［2023年6月22日アクセス］
(6)「読谷村電子図書館」（https://web.d-library.jp/yomitan/g0101/top/）［2023年3月11日アクセス］
(7)「南阿蘇電子図書館」（https://web.d-library.jp/minamiaso/g0101/top/）［2023年3月11日アクセス］
(8)「北九州市子ども電子図書館」（https://web.d-library.jp/kitakyushu/g0101/top/）［2023年3月11日アクセス］
(9)「With Books ひろしま」（https://web.d-library.jp/withbooks/g0101/top/）［2021年3月11日アクセス］
(10)「矢板市電子図書館」（https://web.d-library.jp/yaita/g0101/top/）［2021年7月21日アクセス］
(11)「ともなりライブラリー」（https://web.d-library.jp/tomonari/g0101/top/）［2021年7月21日アクセス］
(12)「小学校3倍 中学校2倍 学校電子図書館で読書量↑ 矢板」「東京新聞」2022年6月30日付
(13) 吉井潤『公立図書館における電子図書館サービスの現状』樹村房、2022年
(14) 森いづみ「県立図書館は地域情報資源のプラットフォーマーになれるか――信州をケーススタディとして」「図書館総合展」（https://www.libraryfair.jp/sites/default/files/download/2022-12/Nov%2027%2C%202022_session3_mori.pdf）［2023年3月11日アクセス］
(15)「ネットワーク情報資源」、前掲『図書館情報学用語辞典 第5版』
(16)「デジタルアーカイブ」、同書
(17)「住民基本台帳に基づく人口、人口動態及び世帯数調査 2022年」「e-Stat」（https://www.e-stat.go.jp/stat-search/files?tclass=000001028704&cycle=7&year=20220）［2023年3月11日アクセス］
(18)「JAPAN SEARCH」（https://jpsearch.go.jp/）［2023年3月11日アクセス］
(19)「「とっとりデジタルコレクション」のアクセス件数10万件突破とジャパンサーチとの連携開始について」「鳥取県立図書館」（https://www.library.pref.tottori.jp/coverage/20210917toridezi10man.pdf）［2023年1月29日アクセス］

(20)「機関リポジトリ」、前掲『図書館情報学用語辞典 第5版』
(21)「IRDB 学術機関リポジトリデータベース」(https://irdb.nii.ac.jp/)〔2023年3月11日アクセス〕
(22)「福井県地域共同リポジトリ発足式を開催しました。」「福井大学」(https://www.u-fukui.ac.jp/news/3321/)〔2023年3月11日アクセス〕
(23)「山口県大学共同リポジトリ」(https://ypir.lib.yamaguchi-u.ac.jp/home)〔2023年3月11日アクセス〕
(24)「電子ジャーナル」、前掲『図書館情報学用語辞典 第5版』
(25)倉田敬子『学術情報流通とオープンアクセス』勁草書房、2007年、115ページ
(26)栗山正光「学術コミュニケーションと電子ジャーナル」、日本図書館情報学会研究委員会編『電子書籍と電子ジャーナル』(わかる!図書館情報学シリーズ)所収、勉誠出版、2014年、114ページ
(27)「こちら特報部 円安 学びの場悲鳴 人材育成 影落とす(下)電子ジャーナル高騰 学術研究 先細る恐れ」「東京新聞」2022年10月25日付
(28)「ディスカバリーサービス」、前掲『図書館情報学用語辞典 第5版』
(29)「ディスカバリーサービスの実証実験結果について」「京都府立図書館」(https://www.library.pref.kyoto.jp/contents/wp-content/uploads/2018/04/201804_discoveryservice_trial.pdf)〔2023年1月29日アクセス〕

第4回 電子資料、ネットワーク情報資源の類型と特質

第5回

地域資料、行政資料（政府刊行物）、灰色文献

第1章
地域資料

1　言葉の定義

郷土資料

『図書館情報学用語辞典 第5版』では、郷土資料を次のように定義している。

> 図書館資料の種類の一つで、図書館の所在する地域や自治体に関係する資料。以前は、郷土史に関する資料とみなされた。地域資料ともいう。現在の公共図書館は、その地域についての資料を責任を持って収集することが業務の一つとして位置付けられており、それらのレファレンス質問に答えることも重要な業務となっている。収集対象地域には、近隣や県下を含めることもある。内容的には、郷土に関係した資料という場合と、郷土人や出身者による著書や郷土での出版物、さらに古文書や出土品などまで含める場合がある。また、行政資料を、郷土資料の一部とする場合と別に扱う場合とがある。[(1)]

2　「郷土資料」または「地域資料」

「郷土資料」と呼ぶか「地域資料」と呼ぶかは公立図書館によってまちまちである。全国公共図書館協議会の「2016年度（平成28年度）公立図書館における地域資料サービスに関する実態調査報告書」[(2)]によると、都道府県立図書館では「郷土資料サービス」と呼んでいるところが28館（59.6%）と最も多

い。次いで「地域資料サービス」と「その他」がともに8館（17.0%）と多い。市区町村立図書館は地域資料関連のサービス実施率が96.1%（1,253市区町村）とかなり高く、サービスに用いている名称は都道府県立図書館と同様に「郷土資料サービス」が763館（60.9%）と最も多い。次いで多いのは「地域資料サービス」「郷土行政資料（行政郷土資料）サービス」の順だった。

　公立図書館によっては、図書だけではなく、パンフレット、リーフレット、写真などの多様な形態の資料、またタウン誌やミニコミ誌など地域の歴史や文化状況がわかる資料も収集している。館内の保存スペースにもよるが、地域に関係するものはできるだけ収集したほうがいい。そのときは役に立たないと思えたものが、あとで貴重な資料になることもある。

3　東京都新宿区立角筈図書館の事例

　「郷土資料」や「地域資料」というと歴史好きな人や市民活動家が手に取るものと思われがちなためか、料理本や小説の書架とは別に、館内の奥にコーナーとして設けられていることが多く、埃をかぶっているのをよく見かける。地元を知る貴重な資料をもっと気軽に手に取ってもらうための取り組みが必要である。新宿区立角筈図書館では、区民に地域資料を身近に感じてもらおうと、2010年5月30日に街歩きイベントを開催した。「『江戸名所図会』であるく柏木・角筈〜江戸時代の名所・旧跡を探訪〜」と題されたこのイベントは、変化が著しい新宿区の昔と今の姿を知ることで、地域への理解を深めて愛着をもってもらえるように、江戸時代の地誌『江戸名所図会』から柏木・角筈地域に関わる項目を取り上げて地域内の名所を探訪するというものである。『江戸名所図会』は、神田雉子町で代々名主を務めていた斎藤家三代が40年以上の歳月をかけて調査・完成させた江戸時代後期のガイドブックである。唐津藩の御用絵師を務めた長谷川雪旦による生き生きとした挿絵の魅力も相まって、当時は人気を博した。現在の新宿区にあたる地域の名所約80カ所が掲載されているが、そのなかで柏木・角筈地域の名所として取り上げられているのが「十二所権現社（現在の熊野神社）」「熊野瀧」「淀橋」「円照寺・鎧明神社（現在の鎧神社）」「柏木邑右衛門桜（現在の円照寺境内）」の5カ所であり、「熊野瀧」以外は現存している。イベントではこの5カ所を中心に、柏木・角筈地域の名所・旧跡を探訪した。

図5-1　街歩きイベントの紹介（筆者撮影）

　参加者は、図書館が作成した資料を手に名所を歩いて回った。後日、日本史関連の図書を排架している書架にイベント時の写真や当日配布した資料（図書館資料として登録ずみ）、「柏木・角筈一目屏風」のミニチュア、角筈地域や新宿区、東京都についての地域資料コーナーを紹介する掲示を設置した（図5-1）。

4　大阪府大阪市立図書館の事例

　大阪市立図書館では、大阪市内にまつわる思い出を記録として残すために、「思い出のこし」という事業を実施している。図書館には、かつての大阪市内の様子を知りたいという問い合わせがよくあるが、そうした情報は人の記憶には残っていても図書や写真などの記録が残っていないことが多い。それではあとから調べることが難しいので、大阪市立図書館では人々の思い出を記録し、未来に伝えていくために、このプロジェクトを実施している。

　特筆すべきなのは、市民の人々の記憶にある場所の様子を用紙に記入して投稿してもらっているという点だろう。用紙にはおおよその時代や場所、投稿者自身の情報など記すべき項目が決まっている。投稿用紙は市内各区の図書館の「思い出のこし」コーナーなどに設置している。「思い出のこし」事

業の趣旨を理解してもらい、記入すべき内容をイメージしてもらえるよう、区ごとに具体的な記入例を掲載するという工夫もなされている。投稿された思い出は、図書館員が図書館資料を用いて補足情報などを追記し、順次公開している。図書館ウェブサイトと館内で公開している思い出は287件（2022年12月20日時点）にのぼる。公開方法は図書館によって異なり、館内に思い出カードを掲示する場合や、ファイルに綴じて公開する場合がある（図5-2）。

5 山梨県のつなぐNPOの事例

　山梨県の特定非営利活動法人つなぐ（以下、つなぐNPO）は、県内各所のさまざまな文化施設を通して地域の歴史や文化、自然や風物に親しむ各種ツアーの企画と、ツアーに合わせたガイドブックの制作をおこなっている。現在は山梨県内のツアーコースをさらに充実させると同時に、同様の手づくりツアープログラムを県外各所にも広げている。

　つなぐNPOは、2003年から「まちミューガイドブック」を作成している。これは、山梨県立博物館をはじめとして、山梨県立文学館、山梨県観光物産連盟、南アルプス市、甲府商工会議所、韮崎市商工会、甲斐市商工会、湯村温泉旅館組合、山梨県立図書館と協働して制作したツアーのためのガイドブックを、それぞれの組織の了解を得たうえで再編集したものだ。現在は山梨県以外に東京などのエリアのガイドブックもあり、その数はいまや300種類ほどにのぼる。つなぐNPOが「まちミューガイドブック」を作るようになったのは、ある場所を起点に90分ほどで歩ける範囲を決め、その道沿いにある興味深い名所や文化施設を20カ所ほどピックアップして紹介するためのまち歩きガイドブックが必要だと考えたことがきっかけだった。紹介文作成にあたっては、図書館にある郷土資料や地域資料を活用したうえで実際に現地を歩いて情報収集し、興味深い情報を付け加えていった。ガイドブックに掲載されているエリアでは、実際にガイドが案内しながら定期的にツアーをおこなっている。山梨県内の市町村の職員とも交流を重ねながら、この活動は続けられている。

　この「まちミューガイドブック」は、甲府貢川朗月堂書店、甲府市観光案内所、やまなし観光推進機構、春光堂書店、湯村ホテル、石和ホテル八田、

図5-2　上：大阪市立住之江図書館の思い出のこし、下：大阪市立島之内図書館の思い出のこし（提供：大阪市立中央図書館）

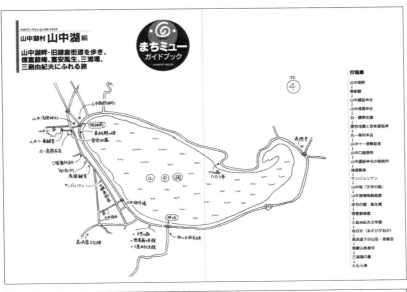

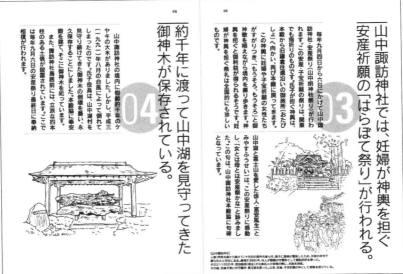

図5-3　つなぐNPOまちミュー友の会編「まちミューガイドブック」つなぐNPOまちミュー友の会（提供：つなぐNPO）

韮崎市民交流センター NICORI、清里リトリートの杜赤い橋、美し森観光案内所、やまねミュージアムなどで販売されている。

第2章
行政資料

1　言葉の定義

行政資料

『図書館情報学用語辞典 第5版』では、行政資料を次のように定義している。

> 政府機関や地方自治体およびその類縁機関、国際機関が刊行した資料。各機関の資料に基づいて作成された民間の出版物を含めることもある。一般に行政資料という捉え方は、公共図書館が当該自治体の資料を収集、提供、保存するときに用いられる。独立したコレクションである場合と郷土資料の一部となる場合とがある。[(3)]

2　静岡県立中央図書館の事例

　地方公共団体は近年ペーパーレス化を進めていて、以前は紙媒体で発行していた定期刊行物を、PDF などのデジタルデータとしてウェブサイト上に公開することが増えている。紙媒体であれば図書館に定期的に納本されてくるが、PDF などのデジタルデータは納本の対象外になってしまう場合が多い。また、公開されているのが最新版だけだったり、公開期間が限定されていたりと、アクセスできない資料が発生してしまうケースもある。

　静岡県立中央図書館では、以前は職員が定期的に各行政機関のサイトをチェックして新たな行政資料が公開されるたびにダウンロードして収集していたが、収集漏れや図書館員の負担の問題が大きくなったため、対策を講じることにした。県内の各自治体のウェブサイトにアップロードされた要項・要領、広報誌、行政資料などの PDF を自動収集（クローリング）するシステムを、県内事業者である Geolocation Technology と共同で開発したのである。

収集対象は各自治体のウェブサイト5階層内にある PDF（外部サイトは収集の対象外）とした。収集した PDF は Google ドライブで保存・管理している。オリジナルの PDF を機械的に保存するほかに、それらをリネームしたデータも別のディレクトリに保存し、あとで確認しやすいようにしている。2022年11月時点で47万1,112件を収集し、デジタルライブラリー「ふじのくにアーカイブ」で順次公開している。⁽⁴⁾なお、資料が膨大ですべての資料にメタデータを付与するのは難しいため、メタデータなしで公開することを検討している。なお、資料が紙と PDF の両方の形態で作られている場合、今後は紙は紙として、PDF は PDF として、それぞれ収集していく予定だ。

第3章
政府刊行物

1　言葉の定義

政府刊行物

『図書館情報学用語辞典 第5版』では、政府刊行物を次のように定義している。

> 政府あるいは国際機関が法律あるいは規則に基づいて一般に公表する目的で作成した刊行物。主として中央政府の刊行物をいう。その種類は多様であるが、官報、白書、統計書が代表例である。各国に政府刊行物の刊行機関があり、日本の国立印刷局、米国の Government Printing Office（GPO）などがその例であるが、民間出版社から発売、刊行されるものも多い。日本では、網羅的ではないが『全国書誌』（1955- 創刊時は『納本週報』、冊子体の発行は2007年に終了、現在は国立国会図書館ホームページ上で「全国書誌提供サービス」としてデータ提供）に収録されている。流通機構として、政府刊行物サービス・センターおよびサービス・ステーション、オンラインストアがある。⁽⁵⁾

「官報」

『図書館情報学用語辞典 第5版』では、「官報」を次のように定義している。

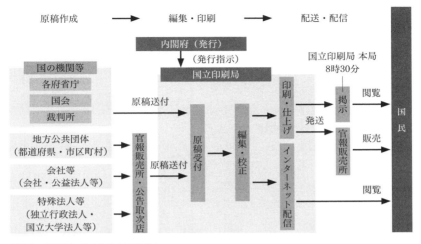

図5-5 「官報」ができるまでの流れ
（出典：「官報について」「国立印刷局」〔https://www.npb.go.jp/ja/books/kanpo.html〕
〔2023年1月29日アクセス〕）

国の政策や行政に関して、国民に周知することを目的として、国の行政機関によって公的に発行される定期刊行物。日本では、1883（明治16）年から日刊で『官報』が刊行されており、その内容の主なものは、法律、政令、条約、通達、官庁事項、国家公務員の任免などである。米国では、Federal Register（1936-）が、英国では London Gazette（1665-創刊時は Oxford Gazette）が官報にあたる。[6]

2 「官報」の内容

「官報」は、国が国民に知らせるべき事項について広報するための機関紙で、行政機関の休日を除いて毎日発行している。図5-4は「官報」の1ページ目だが、このように題字やレイアウトの形式は決まっている。「官報」の編集・印刷は国立印刷局がおこなう（図5-5）。「官報」の内容は主に本紙、号外、政府調達に分類される。本紙は32ページと決まっていて、号外は32ページにすべての記事が収まらなかったときに作られる。政府調達は、政府が一定額以上の物品やサービスを購入する際の調達手続きの明確化や WTO

（世界貿易機関）加盟国との間で締結した国際条約である「政府調達に関する協定」で定められた基準額以上の調達に関しても掲載している。「官報」の本紙と号外に掲載される記事は主に以下のとおりである。

憲法改正：日本国憲法第96条による改正がおこなわれる場合、その内容
詔書：天皇が国事行為をおこなうために公布される文書
法律：国会で制定された法律
政令：内閣が制定する命令
条約：外国または国際機関との合意、成立事項
最高裁判所規則：最高裁判所が定めた規則
内閣官房令：中央人事行政機関が定めた命令
内閣府令：内閣府が定めた命令
省令：各省庁が定めた命令
規則：会計検査院、人事院、各委員会などが定めた規則
庁令：海上保安庁が定めた命令
訓令：官庁が直轄の下級官庁に対して定めた命令
告示：国の機関が決定した事項
国会事項：規則・規定の制定・改正、会議・議事日程、議案関係など
人事異動：中央省庁、都道府県、政令指定都市の主要な人事異動
叙位・叙勲：位階、勲などに叙せられた者の氏名
褒賞：褒章を授与された者の氏名または団体名など
皇室事項：行幸啓、親任式、承認官任命式などの公務、祝電など
官庁報告：国家試験の公示・合格者公示、最高裁判所判決、公聴会の開催など官庁からの報告事項
資料：各省庁が作成した資料
地方自治事項：都道府県知事、政令指定都市の市長選挙結果
公告：官庁に関する事項（行政処分、国家資格保有者の懲戒処分、免許取り消しなど）、裁判所に関する事項（相続、破産、失踪など）、特殊法人に関する事項（財務諸表、組織解散など）、地方公共団体に関する事項（地方債償還、行旅死亡人など）、会社その他に関する事項（組織変更、合併など）、会社決算公告

これらのうち私たちになじみがあるのは、叙位・叙勲、褒賞、官庁報告の国家試験の公示・合格者公示、会社決算公告だろう。2019年に池袋で自動車の暴走事故を起こして実刑判決を受けたＡは国から叙勲された人物だったことが話題になったが、刑の確定後の2021年10月27日付の「官報」をみると、「勲章褫奪令第一条第一項により令和三年九月十七日勲章を褫奪された[7]」と記載がある。また、2021年3月9日付の「官報」にはビジュアル系ロックバンドＸ JAPANの YOSHIKI が本名の林佳樹として褒賞されたことが記載されている。彼は長年にわたり多くの寄付活動を続けてきたことから、紺綬褒章を受章していることがわかる。[8]

官庁報告の国家試験の公示・合格者公示も「官報」でなされる。例えば、2011年の司法試験の合格者は、同年9月29日付の「官報」号外に掲載されている。「司法試験法施行規則（平成17年法務省令第84号）第6条の規定に基づき、平成23年司法試験（新司法試験）合格者を次のとおり公告する[9]」として示された氏名を見ると、筆者の大学時代のサークルの後輩の名前を見つけることができる。また、2022年6月30日付の「官報」には、いなぎ図書館サービスの第18期決算公告があり、利益剰余金が1億424万7,000円と公示されている。[10]

第4章

灰色文献

1　言葉の定義

灰色文献

『図書館情報学用語辞典 第5版』では、灰色文献を次のように定義している。

> 書誌コントロールがなされず、流通の体制が整っていないために、刊行や所在の確認、入手が困難な資料。政府や学術機関などによる非商業出版物を指し、インターネット上で公開されない審議会資料、会議・学会資料、報告書などには、灰色文献と呼べるものが多い。[11]

2　灰色文献の事例

　灰色文献とは、出版物の通常の流通ルートからは入手できず、そもそも存在自体を知ることが難しい文献のことだ。そこには公にされない報告書や会議録などが含まれる。1993年以来年次開催されている灰色文献国際会議では、図書館は文書による会議報告の収集については長年の蓄積があるが、動画の会議記録についてはまだ十分に対応できていないと指摘されている。また、インターネット上の刊行物が増え、灰色文献の範囲が拡大するなかで、研究データとしての文献を、記録、価値、帰属、持続性、利用、公開、査読の観点から、白色文献（オープンデータ）、灰色文献、黒色文献（ダークデータ）に区分するべきではないかという提案もある。データという形態の灰色文献はインターネットが一般的になった今後はますます増えていく可能性があり、データとどう向き合っていくかは新たな課題といえる。

　筆者が公立図書館の現場にいた当時は、遺跡発掘調査報告書が代表的な灰色文献だった。この報告書は教育委員会または教育委員会事務局文化財保護課が公立図書館に送ってくるのだが、1つの遺跡につき報告書を300部程度しか印刷しないのでかなり貴重な資料である。現在は、奈良文化財研究所がインターネット上に「全国遺跡報告総覧」というサイトを設置したことによって、検索すれば発掘調査報告書をPDFで読めるようになり、非常に便利になった。

　図書館に関する灰色文献としては、文部科学省主催で筑波大学で開催されている新任図書館長研修で参加者に配られる講義要綱がある。製本された分厚い資料だが、印刷物だけでPDFは存在しない。また、やはり文部科学省主催でおこなわれる都道府県・政令指定都市の教育委員会の図書館地区別研修で参加者に配られる資料も充実した内容のものだが、PDFでは公開されてない。配布された印刷資料も図書館で所蔵していないことがほとんどである。図書館業界の動向や事例を知る貴重な資料なのだが、流通していないという点で灰色文献といえるだろう。

(1)「郷土資料」、前掲『図書館情報学用語辞典 第5版』

(2)　全国公共図書館協議会「2016年度（平成28年度）公立図書館における地域資料サービスに関する実態調査報告書」「東京都立図書館」（https://www.library.metro.tokyo.lg.jp/pdf/zenkouto/pdf/2016all.pdf）［2023年3月11日アクセス］

(3)「行政資料」、前掲『図書館情報学用語辞典 第5版』

(4)　杉本啓輔「地域資料収集としての自治体Webサイトクローリングシステムの開発」「図書館総合展」（https://www.libraryfair.jp/forum/2022/547）［2023年3月11日アクセス］

(5)「政府刊行物」、前掲『図書館情報学用語辞典 第5版』

(6)「官報」、同書

(7)「叙位・叙勲」「官報」2021年10月27日付

(8)「褒賞」「官報」2021年3月9日付

(9)「官庁報告」「官報」2011年9月29日付

(10)「会社その他の公告」「官報」2022年6月23日付

(11)「灰色文献」、前掲『図書館情報学用語辞典 第5版』

(12)　池田貴儀「CA1952 – 灰色文献のいま ——2010年代の動向を中心に」「カレントアウェアネス・ポータル」（https://current.ndl.go.jp/ca1952）［2023年3月11日アクセス］

(13)「全国遺跡報告総覧」「奈良文化財研究所」（https://sitereports.nabunken.go.jp/ja）［2023年3月11日アクセス］

情報資源の生産（出版）と流通

第1章

出版業界

1　言葉の定義

日本書籍出版協会

『図書館情報学用語辞典 第5版』では、日本書籍出版協会を次のように定義している。

> 1952（昭和27）年に発足した出版団体連合会の書籍部門が母体になり、1957（昭和32）年に結成された書籍出版社の中心的団体。略称は書協。1965（昭和40）年社団法人となり、2013（平成25）年一般社団法人に移行した。出版事業の健全な発達とその使命の達成を図り、文化の向上と社会の進展に寄与することを目的とする。日本雑誌協会、日本出版取次協会、日本書店商業組合連合会と合わせて出版四団体と呼ばれる。機関誌『書協』（1987-）、広報紙『出版広報』（1983-）、『これから出る本』（1976-）を刊行。2018（平成30）年、書協のデータベースセンターと日本出版インフラセンターの出版情報登録センターが組織統合し、2019（令和1）年から「出版書誌データベース」（Pub DB）を運用・公開している(1)。

日本雑誌協会

「デジタル大辞泉」では、日本雑誌協会を次のように定義している。

> 雑誌を刊行する出版社で構成される業界団体。出版倫理の向上と雑誌出

表6-1　2018年時点の出版社数と従業者数

区分	企業数（社）	従業者数（人）
総合	261	13,331
人文社会科学	665	7,371
自然科学	333	4,806
文学・芸術	259	2,308
情報・教育	856	15,826
実用	283	4,656
児童	77	1,366
その他	325	2,957
合計	3,059	52,621

（出典：経済産業統計協会『平成30年 特定サービス産業実態調査報告書——新聞業、出版業編』〔経済産業統計協会、2020年〕76ページをもとに筆者作成）

表6-2　2021年の新刊書籍発行点数上位5社

順位	出版社	新刊点数
1	KADOKAWA	3,906
2	協同出版	1,651
3	講談社	1,275
4	教英出版	1,202
5	文芸社	1,003
6	ゼンリン	817

（出典：全国出版協会・出版科学研究所『出版指標年報 2022年版』〔全国出版協会・出版科学研究所、2022年〕150ページをもとに筆者作成）

版社の利益擁護などを目的として、昭和31年（1956）設立。文化庁所管の社団法人。業界取引の合理化・改革を推進するとともに、雑誌に関する重要問題について雑誌出版界を代表して対処している。また、雑誌編集に関する取材活動の便宜をはかるため、国会雑誌記者クラブなど6つの記者クラブを運営している。雑協。[2]

公貸権

『図書館情報学用語辞典 第5版』では、公貸権を次のように定義している。

著作者（一部の国では、著作隣接権者および出版者を含む）が、公立図書館（や学校図書館）の図書の貸出し等について報酬を請求する権利。1946年にデンマークが初めて公貸権制度を実施し、33か国で実施されている（2019年現在）。実施方式は、英国や北欧三国のように公貸権法を制定したり、ドイツのように著作権法で規定したりするほか、カナダのように立法化せずに独自のプログラムとして制度化する国もある。補償金の算定方式は貸出回数と所蔵図書数に分かれ、北欧のように自国の言語や自国で発行された図書に限る場合もある。日本では1990年代末に導入をめぐって議論が起こったが、導入されていない。[3]

表6-3　2000年から21年までの図書の出版点数と雑誌の発行銘柄数

年	図書（点）	指数	雑誌（点）	指数
2000	67,522	100.0	3,433	100.0
2001	69,003	102.2	3,460	100.8
2002	72,055	106.7	3,489	101.6
2003	72,608	107.5	3,554	103.5
2004	74,587	110.5	3,624	105.6
2005	76,528	113.3	3,642	106.1
2006	77,722	115.1	3,652	106.4
2007	77,417	114.7	3,644	106.1
2008	76,322	113.0	3,613	105.2
2009	78,555	116.3	3,539	103.1
2010	74,714	110.7	3,453	100.6
2011	75,810	112.3	3,376	98.3
2012	78,349	116.0	3,309	96.4
2013	77,910	115.4	3,244	94.5
2014	76,465	113.2	3,179	92.6
2015	76,445	113.2	3,078	89.7
2016	75,039	111.1	2,977	86.7
2017	73,057	108.2	2,897	84.4
2018	71,661	106.1	2,821	82.2
2019	71,903	106.5	2,734	79.6
2020	68,608	101.6	2,626	76.5
2021	69,052	102.3	2,536	73.9

（出典：前掲『出版指標年報 2022年版』6ページをもとに筆者作成）

2　出版業界の概況

　表6-1は2018年7月時点の出版社数と従業者数を表している。これによると、18年7月時点でいわゆる出版社は3,059社あり、従業者は5万2,621人である。この調査でいう出版社とは、不特定多数の読者を対象に、主として書籍、雑誌、教科書、辞典、パンフレット、定期刊行物などの出版物の企画・編集から発行までをおこなう企業を指す。「総合出版社」は、特定のジャンルに特化せず、さまざまな書籍の企画・編集から発行までをおこなう出版社のことである。従業者規模別では、「4人以下」の出版社が1,359社（構成比44.4％）で最も多く、次いで「5人から9人」規模が906社（構成比29.6％）の順になっている。また、雇用形態別にみると「正社員・正職員」が3万5,189人（構成比66.9％）で最も多い。[4]

　表6-2は、2021年の新刊書籍発行点数の上位5社とその点数を示している。KADOKAWAが3,906点と最も多い。なお、新刊書籍発行点数の構成比として最も多いのは1点（35.4％）で、該当する出版社は1,145社である。[5]

　表6-3は、2000年から21年までの図書の出版点数と雑誌の発行銘柄数を示したものである。発行点数が最も多い年は、図書が09年の7万8,555点、雑誌は06年の3,652点である。図書は02年以降は毎年7万点台だったが、20年からは7万点を切っている。雑誌は16年以降は3,000点を切り、このころから著名な雑誌の休刊や部数の低下が報じられるようになった。

表6-4　一般図書の最低限知っておきたい出版社（筆者作成）

分類	主な出版社
0 総記	技術評論社、インプレス、秀和システム、SB クリエイティブ、翔泳社
1 哲学	KADOKAWA、PHP 研究所、講談社、朝日新聞社、筑摩書房
2 歴史	吉川弘文館、河出書房新社、中央公論新社、山川出版社、KADOKAWA
3 社会科学	KADOKAWA、岩波書店、日経 BP、講談社、PHP 研究所、東洋経済新報社
4 自然科学	講談社、主婦の友社、KADOKAWA、ニュートンプレス、宝島社
5 技術. 工学	ブティック社、KADOKAWA、主婦の友社、朝日新聞社、誠文堂新光社
6 産業	農山漁村文化協会、誠文堂新光社、講談社、パイインターナショナル、イカロス出版
7 芸術. 美術	講談社、メイツユニバーサルコンテンツ、河出書房新社、ベースボール・マガジン社、平凡社
8 言語	白水社、KADOKAWA、明日香出版社、ナツメ社、三修社
9 文学	講談社、新潮社、集英社、文藝春秋、河出書房新社、KADOKAWA
旅行ガイド本	JTB パブリッシング、ダイヤモンド・ビッグ社、昭文社、TAC 出版、山と溪谷社
文庫	KADOKAWA、新潮社、講談社、文藝春秋、集英社
参考図書	日外アソシエーツ、三省堂、日経印刷、学研プラス、丸善出版

表6-5　児童図書の最低限知っておきたい出版社（筆者作成）

分類	主な出版社
図書	ポプラ社、講談社、KADOKAWA、学研プラス、小学館
絵本	福音館書店、偕成社、講談社、ポプラ社、童心社
紙芝居	童心社、教育画劇

3　最低限知っておきたい出版社

　日本には出版社が約3,000社あるが、公立図書館の一般図書の書架でよく目にする出版社はある程度限られている。主な出版社を NDC（日本十進分類法）ごとに並べたのが表6-4である。図書館勤務の長い人がこの表を見たら、社会科学と法律関係で有名な有斐閣や、医学書に定評がある医学書院が表に入っていないのに驚くかもしれない。もちろん図書館に長く勤めるうちにもっと多くの定番出版社を知ることになるだろうが、ここでは初学者に最低限知っておいてほしい出版社名を挙げるにとどめた。

KADOKAWA は出版点数が多いため、多くの分類でその名を目にする。「5 技術．工学」のブティック社は、ニット、手芸、料理などのハンドメイドに関する実用書の出版社である。「旅行ガイド本」の JTB パブリッシングは、「JTB 時刻表」や「るるぶ」を発行している出版社である。

　公立図書館は児童図書の利用も多い。表6-5は、児童図書の書架でよく見かける出版社を図書、絵本、紙芝居に分けて示したものである。ポプラ社は「かいけつゾロリ」シリーズで有名だ。児童図書の出版社については、『事例で学ぶ児童サービス論』で詳しく学習する。

4　出版業界と図書館業界の関係

　1990年代末ごろから長年にわたり、日本では出版不況が指摘されている。そうしたなかで、本が売れないのは、図書館の貸出のあり方に一因があるのではないかという議論が、特に著者や出版社の側から、公立図書館に対する苦言として繰り返し提起されてきた。

　長年出版界で活躍してきた能勢仁は、2000年に「新文化」という出版業界紙に、図書館貸出の現状を批判する記事を寄稿した。「最近の図書館の様子は市民迎合の"公立無料貸本屋"の感がしてならない。ベストセラーを何十冊の単位で購入し、貸出し待機者に満足を与えている。確かに図書館はサービス機能として地域住民の要望に沿う使命がある。しかし、限度を決めて購入しないと、本来買うべき本を"消費"されてしまう結果になってしまう恐れもある」⁽⁶⁾ というのである。同じ00年に作家の林望も「文藝春秋」（文藝春秋）に、「図書館は「無料貸本屋」か―― ベストセラーの「ただ読み機関」では本末転倒だ」⁽⁷⁾ というタイトルの記事を書き、問題点を指摘した。さらに、02年には NHK の報道番組『クローズアップ現代』（1993年―）が「ベストセラーをめぐる攻防―― 作家 VS 図書館」と題して、図書館によるベストセラーの大量購入問題を取り上げた。実例として、東京都町田市立図書館がベストセラーを複本として大量購入しているせいで、より幅広い図書の購入が縮小されていることを紹介した。それと対比するようにして、千葉県浦安市立図書館でおこなわれているビジネス支援サービスが取り上げられ、高く評価された。この番組に対し、町田市立図書館側は、取材が恣意的で出版不況の原因が図書館の複本購入にあるという前提で番組が作られてい

ると反論している。[8]

　2015年には新潮社の佐藤隆信社長が「図書館総合展」のフォーラムで、[9]売れるべき本が売れない要因の一つは図書館の貸出にあるとして、著者と出版社が合意した新刊については公立図書館に「貸出の1年猶予」をお願いするための要望書を発表したいと発言した。[10]この発言はマスコミでそこだけが大きく取り上げられ、議論を呼んだ。筆者が佐藤社長から聞いた話では、すべての本を対象とするのではなく、何万部単位で売れる書籍のなかでも特に著者と出版社が合意したケースに限って図書館に理解を求めたいということだった。17年には、全国図書館大会で文藝春秋の松井清人社長（当時）が、文庫本の売れ行き減少と図書館で文庫本を積極的に貸し出していることとは無関係ではないとして、図書館の文庫貸出中止を訴えた。[11]松井社長は「文藝春秋の全利益の3割以上が実は文庫です。話題になっている「週刊文春」や「文藝春秋」は全体の利益のそれぞれ十数パーセントなんです。だから、文庫というのは圧倒的な収益の柱になっています」[12]と述べている。23年には、直木賞作家で書店経営者でもある今村翔吾が「定価700、800円の1冊が図書館でどんどん借りられてしまうと、商売上がったり、というところはありますね」と指摘し、「文庫本まで図書館で借りられてしまうのは正直けっこうしんどいです」[13]と述べている。

　以上は2000年以降の主な議論だが、それ以前の図書館と出版業界との議論の動向については、1960年から2017年9月までの57年間に出版・報道関係者（作家、出版社、取次、書店関係者、ジャーナリスト、記者など）の提言・意見を分析した研究があるので参照してほしい。[14]

　「図書館数を増やそう」「図書館の資料費を増やして所蔵するタイトル数を増やそう」「公貸権（公共貸与権）を導入しよう」といった議論はたびたび起こるのだが、短期的には話題になるものの、それが現状にさほど影響を及ぼさないことが問題である。公貸権は日本では文化庁が2002年に導入を検討したが、いまだに導入には至っていない。

　もし本当に図書館のせいで出版社が倒産してしまうとしたら、図書館も非常に困る。マスコミは「図書館」対「出版社、作家、書店」というわかりやすい図式で報じたがるが、ひと口に図書館、出版社、作家、書店といっても、その内実は多様でひとくくりにはできない。例えば芥川賞や直木賞を受賞するような文芸書を出版する出版社にとっては、ベストセラー小説を大量

に貸し出す図書館は敵かもしれないが、読者が少ない高額な学術書や専門書を出版する出版社にとっては、図書館はそうした本を購入してくれる重要な顧客である。このように出版社といってもすべてが同じ立場をとるわけではないので、問題点を整理して議論を進めなくてはならない。作家が生計を立て、出版社が良質な出版物を作り続けることができる仕組みを、利害関係者が実務のなかで構築していく必要があるのだ。

　新刊図書の初版部数は、専門書で1,500部から3,000部ほど、文芸書で4,000部から1万部程度であり、ベストセラー作家でも初版部数が10万部を超えることはめったにない。[15] 筆者はこれまで図書館に関する本を3社から出版したが、初版部数は平均して2,000部から3,000部だ。この部数は、図書館がどれくらい購入しそうかという見積もりに基づいて決められている。全国の公立図書館が約3,200館、大学図書館が約1,400館で合計4,600館だが、その半分の2,000館強が購入し、あとは図書館関係者などが購入するのではないかという概算から、初版部数が決まった。このように図書館が購入することで、専門書や特定分野の一般には売りにくい書籍の刊行が実現するという面もある。

5　東京都江戸川区立篠崎図書館の事例

　東京都江戸川区立篠崎図書館は「ぷらっつ☆篠崎」という図書館報を発行していて、2016年10月に創刊50号を迎えた。これを記念し、秋の読書週間に合わせて「図書館で読み継いでいきたい本たち」という小冊子を作成した。篠崎図書館では、かねてから読書推進を目的に作家や出版社社長を招いて講演会を開催していた。来場者からの質問では講演者のおすすめの本は何か、どのような本が好きなのかといった質問が多く寄せられた。来館者は本の作り手である出版社の社長がどんな本を読み、どんな本を高く評価しているのかということに関心を寄せていることがよくわかる。

　そこで篠崎図書館では、出版社と図書館の共存共栄のために、良書を生み出し日本の出版文化を牽引している出版社社長に、「図書館で読み継いでいきたい本たち」と題して、心に残った作品や図書館で末長く多くの人に読んでもらいたい本（刊行1年以内の新刊書と自社出版物を除く）を紹介してもらう企画を実施することにした。日本書籍出版協会に加盟している出版社から

図6-1　江戸川区立篠崎図書館の「図書館で読み継いでいきたい本たち」
ブラウジングコーナー（筆者撮影）

200社を抽出して各社の社長にアンケートを送付し、そのうち42社から回答
を得て、小冊子を作成するほか、新聞・雑誌コーナーで回答の紹介文とその
本の現物を展示した（図6-1）。

第2章

出版物の流通経路

1　言葉の定義

書籍取次

『図書館情報学用語辞典 第5版』では、書籍取次を次のように定義してい
る。

> 出版社と書店の間に立つ仲介業。取次、取次店ともいう。通常の流通業
> 界では、問屋と呼ばれている存在のこと。明治中期以降に、大規模な書
> 店から取次が発生し、第二次大戦中は統制会社である日本出版配給株式
> 会社（略称 日配）に統合されたが、戦後は東京出版販売株式会社（現ト
> ーハン）や日本出版販売株式会社（略称 日販）、大阪屋などに分割され

た。その後の高度経済成長時代の出版産業の隆盛が、委託販売と定価販売（再販制）によりもたらされ、出版物の流通過程を掌握している取次の役割が大きくなっている。なお、取次は書店への再販売が任務であり、読者への直接販売は担当しない。[16]

委託販売制

『図書館情報学用語辞典 第5版』では、委託販売制を次のように定義している。

> 小売店がメーカーの生産した商品を、買切りではなく、返品可能な委託という形で仕入れることのできる制度。出版界では一般に、出版社が発行した新刊書は書籍取次を経由して書店へと配本されるが、委託販売制により、一定期限内であれば、書店は仕入れた商品を再び取次を通して出版社に返品できる。このことにより、多品種小量生産という特性を持った本という商品を、小売店である書店は自らのリスクを負うことなく店頭展示販売ができる。しかしながら年間7万点を超す出版点数に対応しなければならないために、書店側が早めに委託本を返品してしまうという弊害も生まれている。現在、岩波書店などの一部の学術専門出版社などが買切り制を採用しているが、出版慣行としては委託販売制が広く普及している。[17]

再販売価格維持制度

『図書館情報学用語辞典 第5版』では、再販売価格維持制度を次のように定義している。

> 製造者が問屋、小売店、消費者への販売価格（再販売価格）を決定し、その価格（定価）での販売を守らせる制度。再販制ともいう。本来ならば「独占禁止法」では不公正な取引方法として禁止されている行為であるが、自由競争によって消費者の利益が害されるおそれのある商品については、1953（昭和28）年の「独占禁止法」改正でこの制度が認められることになった。この制度の対象となった商品は、化粧品・医薬品などの特定の日用品（指定再販）と、図書、雑誌、新聞、レコード盤などの

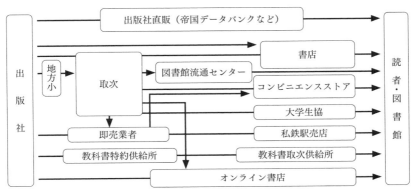

図6-2　出版物の流通経路（筆者作成）

著作物（法定再販）であった。その後、1980（昭和55）年の法改正により、部分再販や時限再販が導入された。1997（平成9）年に指定再販は全廃された。法定再販については、規制緩和の流れの中で公正取引委員会が制度撤廃を検討していたが、2001（平成13）年に当面の存続が決められた。電子書籍は対象外である。[18]

2　図書が読者に届くまでの流通経路

　図6-2は、出版物が読者に届くまでの流通経路を示したものである。完成した図書や雑誌は、まず出版社から日本出版販売（略称：日販）やトーハンなどの取次に送られ、取次を経て書店やコンビニに陳列される。取次が書店に新刊図書を送ることを配本という。配本は大きく分けてパターン配本と受注配本がある。パターン配本は、各書店のそれまでの販売実績を参考にして、取次が新刊図書のジャンルと部数を決めて配送することをいう。受注配本は、書店が刊行前に出版社に予約発注した注文数どおりの部数を配本することをいう。小規模の書店の場合、パターン配本だけだと新刊図書が入荷しないことがあるので、書店は新刊図書情報をチェックして予約注文する必要がある。新刊図書がパターン配本されるか、受注配本されるか、または両方の組み合わせになるかは出版社と取次が決めるが、両方の組み合わせになることが多い。

図6-3 『日本マーケットシェア事典 2010』（矢野経済研究所、2010年）の表紙の注意書き（筆者撮影）

　図6-2に示したように、本が読者に届くルートには出版社からの直販、つまり取次・書店を経由しないで出版社が直接学校や読者に販売する方法もある。例えば帝国データバンクが制作・発行している『帝国データバンク会社年鑑』は、取次を通さず直販だけで流通している。公立図書館のなかにはビジネス支援サービスのために『帝国データバンク会社年鑑』を所蔵しているところもあるが、そうした図書館は帝国データバンクに直接発注して購入している。しかし、図書館が出版社直販で購入したいという意思を示しても、売ってもらえないか条件を付けられる場合がある。例えば図6-3は、矢野経済研究所が発行する『日本マーケットシェア事典』の2010年版だが、公立図書館で所蔵する場合、表紙に図6-3にあるような表示を貼ることを条件としている。図書館はこうした条件を守らなければならない。

　ちなみに、この「事例で学ぶ図書館」シリーズを刊行している青弓社は、注文出荷制というシステムをとっている。注文出荷制とは、取次への委託配本をせず、事前に注文があった書店だけに納品する仕組みである。取次の流通ルートを使ってはいるが、新刊を出荷するのは事前注文があった書店に限定される。通常は新刊は注文がなくともとりあえず何冊か配本するという委託配本をおこなうのだが、青弓社はそのシステムをとっていない。

　なお、「地方小」とは地方・小出版流通センターのことであり、地方の出版社や小規模出版社が刊行した書籍や雑誌の取次業務をおこなっている。

図6-4 『事例で学ぶ図書館制度・経営論』の出版コード表示（筆者撮影）

3 図書ができるまでの流れと日本図書コード

　1冊の図書が完成するまでの過程を大まかに示すと、まず出版社での企画会議があり、そこで企画を決定すると著者に原稿の執筆を依頼する。著者から原稿を受領したら、編集者がその原稿を整理してレイアウトを決め、入稿、組版、ゲラ（校正刷り）の出校、校正・校閲などの作業があり、それらが完了（校了）したら印刷・製本して完成する。校正とは、原稿の指定や赤字（修正の指示）どおりになっていない部分、誤字・脱字、出版社ごとの表記のルールどおりになっていない部分などがないかを確認し、正しく修正する作業だ。校閲は、内容が事実に基づいているか、不適切な表現がないか、論理構成に矛盾がないかなどを確認し、問題があれば指摘する作業である。

　完成した図書には流通のために必要なコードを表示する。図6-4は『事例で学ぶ図書館制度・経営論』のカバー裏面にある出版コード表示だが、バーコードの下と左上に国際標準図書番号である ISBN が表示されている。978は「書籍出版業」を表す接頭記号（①）だ。その次に発行する国や地域を示す国記号（②）がくる。4は日本を示している。ちなみに、0と1はアメリカなどの英語圏、2はフランスなどのフランス語圏である。そのあとの7872は

表6-6　Ｃコードの数字の意味一覧

コード	0	1	2	3
1桁目 （販売対象）	一般	教養	実用	専門
2桁目 （発行形態）	単行本	文庫	新書	全集・双書

4桁目（中分類）→ ↓3桁目（大分類）		0	1	2	3
0	総記	総記	百科事典	年鑑、雑誌	
1	哲学、心理学、宗教	哲学	心理（学）	倫理（学）	
2	歴史、地理	歴史総記	日本歴史	外国歴史	伝記
3	社会科学	社会科学総記	政治含む国防・軍事	法律	経済、財政、統計
4	自然科学	自然科学総記	数学	物理学	化学
5	工学・工業	工学工業総記	土木	建築	機械
6	産業	産業総記	農林業	水産業	商業
7	芸術・生活	芸術総記	絵画、彫刻	写真、工芸	音楽、舞踊
8	語学	語学総記	日本語	英米語	
9	文学	文学総記	日本文学総記	日本文学詩歌	日本文学小説

出版社を表す番号（③）である。次の0080は書名記号（④）で、図書ごとに
固有の番号になる。最後の8はチェックデジット（⑤）と呼ばれるもので、
ISBNコードに誤りがないかをチェックし、捏造を防止するために一定のア
ルゴリズムに従って付与される番号である。
　図6-4にはISBNの下にCで始まる番号があるが、これはCコード（⑥）
というもので、先ほどのISBNとCコードを合わせて日本図書コードと呼
んでいる。Cコードは日本独自の図書コードで、読者対象、発行形態、内
容分類を4桁の数字で表したものである。表6-6はCコードの数字の意味を

4	5	6	7	8	9
検定教科書、消費税非課税品、その他	婦人	学参Ⅰ（小中学生対象）	学参Ⅱ（高校生対象）	児童（中学生以下対象）	雑誌扱い
ムック・カレンダー、日記・手帳、その他	辞典・事典	図鑑	絵本	磁性媒体など	コミックス

4	5	6	7	8	9
情報科学					
宗教	仏教	キリスト教			
	地理	旅行			
経営		社会	教育		民族、民俗
天文、地学	生物学		医学、薬学		
電気	電子通信	海事	採鉱、冶金	その他工業	
	交通通信業				
演劇、映画	体育スポーツ	諸芸娯楽	家事	日記、手帳、カレンダー	コミック劇画
ドイツ語	フランス語		外国語		
	日本文学、評論随筆、その他		外国文学小説	外国文学その他	

（出典：「ISBN コード／日本図書コード／書籍 JAN コード利用の手引き」「日本図書コード管理センター」〔https://isbn.jpo.or.jp/index.php/fix__about/fix__about_4/〕〔2023年7月14日アクセス〕）

示したものである。図6-4の『事例で学ぶ図書館制度・経営論』の C コード C0300は、「一般」「全集・双書」「総記」を意味している。この分類に従って書店が図書を陳列する棚を決めることもある。

4　取次と書店の業務

本節と次節では、一般的な取次・書店・出版社の業務の一例を紹介する。印刷・製本された図書は、取次会社に搬入される。取次は書店に対しては

仕入れ・配本・運送の役割を果たし、出版社に対しては書店からの代金の回収・支払いの役割を果たす。

　書店の1日の業務を概観すると、例えば朝は、雑誌の付録組み、棚の整理、掃除などがある。昼は、本の補充発注、新刊・補充品の品出し、出版社との商談などがあり、夜は、レジ締め、店内の掃除、POP書きなどをおこなっている。

5　委託販売制と再販売価格維持制度

　委託販売制（委託制度ともいう）は、出版社が取次を通して書店に図書を委託して販売してもらい、書店は一定期間が過ぎたら売れ残りを出版社に返品できる制度である。委託期間は、書籍の場合105日（新刊・重版配本だけ。注文は買い切りのことが多い）だが、長期委託では4カ月から6カ月、常備委託では通常1年間である。雑誌は、週刊誌の場合は本誌が45日、増刊が60日、隔週・月刊誌の場合は本誌、増刊ともに60日、季刊誌の場合は120日である。コミック・ムックには返品期間がないので、書店が返品しないかぎり委託が継続される。書店側のメリットとしては、積極的な仕入れができることが挙げられる。返品できるので安心して仕入れることができ、フェアや仕掛け販売、棚の入れ替えなどをしやすい。また、少部数で多種類の本を店頭陳列できるので宣伝効果が高い。その一方で、デメリットもある。委託で市場在庫が多くなってしまい、結果的に出版社の在庫が少なくなるせいで、追加発注や注文品が入荷しづらくなったり、出版社在庫の稼働期間が短縮するせいで品切れが増加したりする。委託期間中は返品しやすいため安易な返品が増え、配送コストが増加する。さらに、出版者側が委託をあてにして新刊点数を増やすと店頭の在庫が過剰になり、書店の資金を圧迫する。結果、1冊の本が店頭で陳列される期間が短くなり、売れにくくなる。何よりも、委託による返品率が高いという長年の問題があり、2021年は図書の32.5％、雑誌の41.2％が返品されている。[19]

　再販売価格維持制度（再販制度ともいう）は、出版社が決めた定価で書店が図書販売をおこなう制度である。本来は価格の拘束は不公正な取引方法として独占禁止法で禁止されているが、図書・雑誌・新聞・音楽CD・音楽テープ・音楽レコードの6品目の著作物は適用除外として1953年から例外的に

定価販売が認められている。そのおかげで全国一律同一価格になり、出版物の価格には地域格差がないのである。しかし、再販制度をめぐっては、たびたび見直すべきという議論も起きている。再販制度擁護派の意見としては、再販制度がなくなると、書店は販売部数が見込める出版物だけを仕入れて自由価格で販売する傾向が強くなり、学術書や研究書などの価格を下げてもすぐには販売の結果が出にくい出版物を仕入れなくなる、というものがある。一方、再販制度見直し派は、再販制のもとでは出版社が売上計上のためだけに発行する新刊が増えすぎることや、書店が買い切りで仕入れた図書でさえ値引きできないこと、また自由な価格競争による商取引が育たないことなどを批判している。見直しを促す論議はあるが、現状は当面存続で落ち着いているが、一方では、場所と期間を限定して定価を外して販売する読者謝恩セールなど、再販制の弾力的運用も続いている。

6 書店の概況

『出版物販売額の実態2022』[20]によると、新刊図書・雑誌売り場をもつ書店の数は2012年度の1万1,980店から21年度は8,642店にまで減少している。店舗の坪数も12年度の94万2,494坪から21年度は74万6,620坪にまで減少している。

　書店への新刊の配本は前述したように書店の販売実績を参考にしたパターン配本によって冊数が決められるため、書店は実績を上げることが求められる。厳しい状況が続いているが、TSUTAYAを筆頭に文具やカフェといった書籍以外の商材の投入による複合化、また2018年12月に東京・六本木の青山ブックセンター跡地にオープンし、入場料を取る書店としてオープンした日販が手がける文喫など、さまざまな試みがなされている。

7 1冊の図書ができるまで

　本が完成し、書店に並ぶまでの具体的な例を紹介しよう。表6-7は、拙著『事例で学ぶ図書館制度・経営論』の刊行までの経緯を示したものである。筆者は2022年6月3日に本文と掲載する図表をまとめて出版社に提出した。出版社は、誤字・脱字や内容の確認、文章のわかりやすさなどの原稿のチェ

表6-7 『事例で学ぶ図書館制度・経営論』の刊行までのスケジュール（筆者作成）

日	筆者	出版社
2022年6月3日	本文、図、表をまとめて提出	原稿の確認、整理、校正
8月30日		ウェブサイトに情報掲載、書店へのファクス・訪問営業開始
9月2日		図書館流通センター仕入部に営業する
9月9日	初校ゲラを受領、内容確認	
9月20日		筆者が内容確認した初校ゲラを受領
9月28日	再校ゲラを受領、内容確認	
10月4日		ウェブサイトに書影掲載
10月6日		筆者が内容確認した再校ゲラを受領
10月11日		印刷開始
10月18日		見本完成
10月21日		献本発送
10月25日		出荷開始
10月27日		書店発売
10月28日		電子書籍販売

ックをおこなう。ある程度内容が確定すると刊行日を決め、ウェブサイトに図書の情報を掲載し、営業を開始する。

　筆者は9月9日に出版社から初校ゲラ（校正刷り）を受け取り、著者としての校正を9月20日までに完了させた。出版社は、筆者の赤字を確認したうえで、その赤字を修正した再校ゲラを出す。9月28日に筆者は再校ゲラを受領して最後の著者校正をおこなった。10月6日に筆者が再校ゲラを出版社に戻すと、出版社での最終確認ののち11日から印刷所で印刷を開始し、27日には書店店頭に商品として並び始めた。

注

（1）「日本書籍出版協会」、前掲『図書館情報学用語辞典 第5版』
（2）「にほん‐ざっしきょうかい【日本雑誌協会】」「デジタル大辞泉」小学館
（3）「公貸権」、前掲『図書館情報学用語辞典 第5版』
（4）経済産業統計協会『平成30年 特定サービス産業実態調査報告書——新聞業、出版業編』経済産業統計協会、2020年、30ページ
（5）全国出版協会・出版科学研究所『出版指標年報 2022年版』全国出版協会・出版科学

研究所、2022年、154ページ

(6) 「増加一途の図書館貸出冊数――書籍販売の伸びおびやかす一要因」「新文化」2000年
　　4月20日付

(7) 林望「図書館は「無料貸本屋」か――ベストセラーの「ただ読み機関」では本末転倒
　　だ」「文藝春秋」2000年12月号、文藝春秋、294―302ページ

(8) 手嶋孝典「ず・ぼん9 クローズアップ現代「ベストセラーをめぐる攻防」を批判する
　　NHKのお粗末な図書館認識」「ポット出版」（https://www.pot.co.jp/zu-bon/zu-09/
　　zu-09_086）［2023年1月29日アクセス］

(9) 「新潮社・佐藤隆信社長、新刊の貸出猶予は「節度、程度問題」」「新文化」2015年11
　　月11日付

(10) 「図書館考 売れぬ本「貸し出しが一因」「新刊1年猶予」出版社などが要請へ」「朝日
　　新聞」2015年10月29日付

(11) 「図書館と出版界、共存の道は 文芸春秋社長、「文庫本貸さないで」発言の波紋」「朝
　　日新聞」2017年11月23日付

(12) 松井清人／猪谷千香／吉井潤／酒井圭子／糸賀雅児「座談会 変わりゆく図書館――
　　知の拠点は今」「三田評論」2018年7月号、慶応義塾

(13) 「文藝春秋」編集部《文庫本まで借りられると「正直しんどい」》直木賞作家・今村
　　翔吾氏が図書館へ"切なるお願い"」「文春オンライン」（https://bunshun.jp/arti-
　　cles/-/61149）［2023年3月11日アクセス］

(14) 伊藤民雄「彼らは何を言ってきたか――図書館に関する出版・報道関係者の発言内
　　容について」「三田図書館・情報学会研究大会発表論文集 2017年度」三田図書館・
　　情報学会、2017年、17―20ページ

(15) 逸村裕／田窪直規／原田隆史編『図書館情報学を学ぶ人のために』世界思想社、
　　2017年、17ページ

(16) 「書籍取次」、前掲『図書館情報学用語辞典 第5版』

(17) 「委託販売制」、同書

(18) 「再販価格維持制度」、同書

(19) 前掲『出版指標年報 2022年版』5ページ

(20) 日販マーケティング推進部ストアソリューション課編『出版物販売額の実態 2022』
　　日本出版販売、2022年、14ページ

図書館業務と
情報資源に関する知識

第1章

図書館の資料購入

1　言葉の定義

図書館流通センター

『図書館情報学用語辞典 第5版』では、図書館流通センターを次のように定義している。

> 全国の図書館へ新刊図書および AV 資料を書誌データや図書館用装備を付けて提供する書店兼集中整理機関。日本図書館協会事業部の負債を引き継ぎ、1979（昭和54）年に設立。1993（平成5）年には学校図書サービスと合併し、社名を継承した。2010（平成22）年丸善株式会社と経営統合により、完全親会社 CHI グループ株式会社（現 丸善 CHI ホールディングス株式会社）を設立。書誌データベース TRC MARC の累積件数は約360万件（2017年現在）。選書情報として『週刊新刊全点案内』などを発行し、図書館向け発注システム「TOOLi」（ツールアイ）を運用する。指定管理など受託運営する公共図書館も520館に上る（2019年現在）。[1]

2　図書館の主な資料購入先

大学図書館は紀伊國屋書店や丸善雄松堂といった企業から資料を購入していることが多い。公立図書館の場合は、地元の書店か書店組合、または図書館流通センター（TRC）のような専門企業から資料を購入している。

筆者は2022年に、公立図書館の図書の購入先に関して調査をした。対象は公立図書館の中央館または中心館1,397館で、回答があったのは805館（57.6％）だった（表7-1）。805館のうち、名義貸しを除いて自治体内の地元書店または書店組合から図書を購入しているのは599館（74.4％）だった（表7-2）。599館のうち「100％自治体内の地元書店または、書店組合から購入」している図書館は45館（7.5％）だった（表7-3）。自治体内の地元書店または書店組合から購入していない図書館と自治体内の地元書店または書店組合から全購入数に占めるおおよその購入割合が100％未満と無回答の合計は758館だった（表7-4）。この758館は、どこから図書を購入しているのか。464館（61.2％）は図書館流通センターから図書を購入している（表7-5）。そのほかにはゼンリンや自治体内に書店がない場合、隣接自治体の書店などが主な購入先だという回答があった(2)。

活字文化議員連盟の公共図書館プロジェクトの答申では5つの提言があり、その一つに「地方公共団体及び公共図書館は、地域書店からの図書購入を優先し、装備作業は地域の福祉施設と連携し、障害者雇用の拡大、税金の域内循環など新たな地域循環型の経済効果を生み出す図書館政策を確立すること」とある。この答申からは、図書館はTRCからではなく地元書店から資料を購入してほしいと考えていることがうかがえるが、実際はそれは非常に難しいことなのである。その理由は次節に説明する。

3　TRCの物流

TRCは公立図書館に図書を販売しているので、公立図書館にとっては書店とみなすことができるだろう。TRCは、新刊の取次からの配本は受けない。出版社からの新刊予定情報をもとに、発売前に出版社に注文して商品を確保しているのである。仕入部という部署が、類書の実績を参考にしたうえで1点ごとに仕入れ部数を決めている。TRCでは新刊書籍は発売から5カ月を経過した時点で既刊書扱いになる。その時点で書籍の販売データをすべて出版社に提出する。その際の返品率は10.5％から10.6％と、かなり低い。また、取次への年間返品率も5％から8％と、TRCの返品率は全体としてかなり低い(4)。

仕入れの対象は、取次やそのほかのルートで入手可能な書籍とムックであ

表7-1　調査の手順

調査対象館数	中央館または中心館1,397館
回答館数	805館（57.6％）

表7-2　自治体内の地元書店または書店組合から購入

区分	館数（館）	（％）
はい	599	74.4
いいえ	206	25.6
合計	805	100.0

表7-3　「はい」と回答した599館の全購入数に占めるおおよその購入割合

区分	館数（館）	（％）
1-25％未満	276	46.1
25-50％未満	57	9.5
50-75％未満	25	4.2
75-100％未満	186	31.1
100％自治体内の地元書店または書店組合から購入	45	7.5
その他（1％未満）	8	1.3
その他	1	0.2
無回答	1	0.2
合計	599	100.0

表7-4　表7-2で「いいえ」と回答した206館＋表7-3から「100％自治体内の地元書店または書店組合から購入」45館、「無回答」1館を除いた合計

区分		館数（館）
自治体内の地元書店または書店組合から購入	いいえ	206
全購入数に占めるおおよその割合	1-25％未満	276
	25-50％未満	57
	50-75％未満	25
	75-100％未満	186
	その他（1％未満）	8
合計		758

表7-5　「100％自治体内の地元書店または書店組合から購入」していない図書館の主な図書購入先

区分	館数（館）	（％）
取次	20	2.6
大手書店	37	4.9
図書館流通センター	464	61.2
その他	53	7.2
無回答	184	24.2
合計	758	100.0

る。また、出版社との直取引であっても図書の内容が基準を満たし、仕入れ条件が合えば取り扱っている。とはいえ、学習参考書、資格試験の問題集、成人向けの写真集、書き込み式問題集など図書館の資料に適さないものは対象外である。仕入れた商品は、「新刊急行ベル」「ストック・ブックス(SB)」「新継続」という3つのシステムに振り分けられ、毎週火曜日に発行している「週刊新刊全点案内」という図書カタログに掲載される。これは、前の週に発売になった新刊図書を図書館向けに紹介するカタログで、それぞれにバーコードがついているため簡単に図書を発注することができる。「週刊新刊全点案内」は、表紙を開くと扉ページに目次とカテゴリーごとの掲載冊数が示してあり、次のページに全体の見方・使い方などの凡例、そのあとに広告、お知らせ（スケジュールや不扱い〔取次注文不可〕本の注文先、MARC・典拠の訂正情報、全集物の改題・出版者変更など）が載っている。次のページからは、「新刊急行ベル」「ストック・ブックス」「新継続」「紙芝居」「書評に載った本」「単行本・全集」「文庫」の順で図書情報が掲載されている。巻末には書名・著者名・出版社名別索引と週替わりのお知らせ（「ストック・ブックス」注文実績一覧、ベストセラー情報、受賞情報一覧）などを掲載している。

「新刊急行ベル」は、事前申し込み制による新刊自動納品システムで、1983年に始まった。このシステムができた背景には、地方の公立図書館が図書を入手しにくいという問題があった。ベストセラー本は地方の書店への配本数が少なかったため、地方の公立図書館はベストセラー本の確保に悩んでいた。また、図書館の図書は背ラベルを貼り、特殊なコーティングを施す（装備）必要があるが、そうした装備をするのに図書の確保から約1カ月がか

かり、実際に貸し出せるまでにかなり時間を要していたのである。「新刊急行ベル」は、ベストセラーなどの発売後に注文しても入手が難しい図書や、図書館と来館者が必要とする図書を出版社・取次の協力のもと確実に確保し、図書館用の装備もTRCで施して迅速に届けるというサービスである。「新刊急行ベル」が扱う図書は、ベル版元として登録（契約）したベル対象出版社230社（2023年3月時点）の刊行物のなかから事前に提供した近刊情報をもとに、図書館振興財団が主宰する新刊選書委員会が選定している。人気作家の新作や、芥川賞や直木賞などの各種の受賞作品、定評がある児童文学作家の最新作、一般的で汎用性が高い実用書、各種レファレンス図書などを扱っている。図書は30コースに分類されていて、それぞれの図書館は必要に応じてコースを選択する。例えば「日本文芸書A」や「日本文芸書HA」というコースでは、岩波書店、KADOKAWA、河出書房新社、幻冬舎、講談社、集英社、小学館、新潮社、中央公論新社、文藝春秋の出版物を対象にしている。一例として、東野圭吾の『白鳥とコウモリ』（幻冬舎、2021年）は「日本文芸書A」に入っている。(5)

「ストック・ブックス」は、必要な図書を図書館に迅速に届けるためのシステムである。「新刊急行ベル」が出版社からの買い切りなのに対し、「ストック・ブックス」はTRCの委託販売で、「新刊急行ベル」で選書されたもの以外で図書館が必要としそうな図書を、期間を限定してTRCが取りそろえておくという仕組みである。その期間中に図書館からの注文があれば、図書館用の装備を施したうえで最短1週間で納品する。「ストック・ブックス」の在庫のリストである「週刊新刊全点案内」で星が付いている図書は、「ストック・ブックス」のなかでも注目の1冊である。

「新刊急行ベル」や「ストック・ブックス」以外に「新継続」というシステムもある。これは、年鑑・白書・全集・叢書・シリーズといった継続して発行される図書の新刊が出ると、注文がなくても自動的に届ける定期購入システムである。タイトルごとの事前申し込み制なので、資料として確実にそろえたいものの購入に便利である。年鑑・白書は前ぶれもなく出版社や書名が変更されることがあり、そのせいで購入しそこなうことがあるが、このシステムはそうしたトラブルを防ぐのに役立つ。(6)

「週刊新刊全点案内」に掲載された図書は、取次を経由して、TRCの在庫・装備センターである新座ブックナリーに搬入される。量が膨大なため搬

入は1日3回おこなわれている。新座ブックナリーには常時約9万3,000タイトルの本が約200万冊ストックされている。それぞれの図書館からオンラインで発注があると、1日12時間体制でフィルム・コーティングなどの装備が図書に施され、図書館に向けて出荷される。注文を受けてから出荷するまでの工程は表7-6のとおりである。以前は約1カ月かかっていたが、いまでは書店店頭に並ぶのとほぼ同時に図書館にも新刊図書が並び、来館者に利用してもらうことができる。図書館が注文する図書の96%は新座ブックナリーに在庫があるという充実した品ぞろえのおかげで、2021年度のTRCの図書館への納品冊数は約950万冊にのぼった。[7]

　TRCがこのような物流システムを構築し、図書館に利用されているのは、発売後では入手が難しいベストセラーなどを早く確実に届けているからである。すでに述べたように新刊図書の初版部数は、専門書で1,500部から3,000部、文芸書で4,000部から1万部程度であり、平均すると3,000部から5,000部程度である。表7-7に示すように、公立図書館は全国に3,239館あり、書店は8,642店ある。これらの図書館と書店が新刊を手に入れたいと思っても、新刊部数の規模からすれば入手が困難になるのは当然である。書店への新刊配本は書店の実績によって決まるため、小規模書店が取次にベストセラーを要求しても入荷しないこともある。そのせいで地方の公立図書館は地元書店からベストセラー書を購入できなかったり、購入に時間がかかったりするのである。筆者が図書館に勤務していた当時、村上春樹の『1Q84』（全3巻、新潮社、2009—10年）の「BOOK1」が発売され話題になった。そのとき私が勤務していた図書館は図書の80%を地元の書店組合から購入していた。『1Q84』はかろうじて1冊は入手できたが、日に日に予約件数が増加し、自治体全体で2,000件以上になったため、複本として2冊目を買うことが決まったが、地元の書店組合に発注すると「入荷に時間がかかる」と言われてしまい、実際にかなり時間を要した。その一方で新宿の紀伊國屋書店には入り口に『1Q84』が平積みで陳列されていて、実に不思議な現象だと思ったことを覚えている。

表7-6　TRCでの注文から出荷までの流れ

日	工程	概要
1日目	注文処理	データによる注文は翌朝5時までに、在庫情報との照合など、すべての処理を完了
2日目	在庫抜き取り	在庫図書を図書館ごとに棚から抜き取る
3日目	装備・納品データ作成	ICタグ・バーコードラベルなど出力、自動搬送、装備、図書館原簿出力、箱詰め
4日目	フィルム・コーティング	熟練した専門の担当者による手作業と機械コーティングを併用
5日目	TRCから出荷	図書は宅配便で届ける

（出典：図書館流通センター「選書と物流」〔https://www.trc.co.jp/solution/logistics.html〕〔2023年1月29日アクセス〕をもとに筆者作成）

表7-7　図書館などの館数

区分	数（館・校・園・店）	備考
公立図書館	3,239	『日本の図書館 統計と名簿 2021』
大学図書館	1,468	
短期大学図書館	161	
高等専門学校図書館	61	
小学校	19,161	「学校基本調査令和4年度」
中学校	10,012	
高等学校	4,824	
特別支援学校	1,171	
義務教育学校	178	
中等教育学校	57	
幼稚園	19,111	
幼保連携型認定こども園	6,657	
書店	8,642	『出版物販売額の実態 2022』
合計	74,742	

（出典：図書館数は『日本の図書館 統計と名簿2021』〔日本図書館協会図書館調査事業委員会日本の図書館調査委員会編、日本図書館協会、2022年〕、学校などは「学校基本調査令和4年度」〔文部科学省、2022年〕、書店は『出版物販売額の実態 2022』〔日販マーケティング推進部ストアソリューション課編、日本出版販売、2022年〕をもとに筆者作成）

第2章

図書館員が知るべき文学賞や作家

　主要な文学賞は、国内と海外を合わせると100以上にのぼる。国内では芥川龍之介賞と直木三十五賞がテレビや新聞で大きく取り上げられるが、それ以外にも新聞社や出版社、各種団体が主催する文化賞や学術賞がある。表7-8は、図書館員として最低限把握しておきたい文学賞の一覧である。児童書関係の賞は本シリーズ続巻の『事例で学ぶ児童サービス論』で取り上げる予定である。表7-8では、賞を50音順に並べ、2023年2月1日時点で図書として販売されている直近の受賞作を例に挙げている。例えば、番号15の『いかれころ』(三国美千子、新潮社、2019年)は、18年に新潮新人賞を受賞し、19年に図書として出版されている。22年は、黒川卓希が「世界地図、傾く」で同賞を受賞したが、まだ図書にはなっていない。なお、賞の名称が変わることもあるので注意が必要である。

　図書館のカウンター業務をしていると、来館者が読みたい本の所蔵の有無を尋ねてくるが、あとで書名を調べてみると学術賞などの受賞作だったということがよくある。

第3章

著者について知るための情報源

1　書店に行く

　図書館員として知っておきたい著者を押さえるには、まず書店に行くことだ。書店の数は確かに減ってきているが、定期的に足を運ぶようにしていると、最近は誰が人気がある作家なのか、書店・出版業界はどの作家を売り出したいのかといったことを把握することができる。図書館の選書担当者であれば、購入を検討している本がどんな外観をしているのかを書店で直接確認することができる。都市部に住んでいるのであれば、大型書店に行くことが望ましい。大型書店には主要な新刊がほとんどそろっているからである。東京都内に住んでいるのであれば、ジュンク堂書店池袋本店、丸善丸の内本店、紀伊國屋書店新宿本店、ブックファースト新宿店といった大型書店を定

表7-8　図書館員として最低限把握したい文学賞など（筆者作成）

番号	賞の名前	受賞作の例	作者
1	アガサ・クリスティー賞	そして、よみがえる世界。	西式 豊
2	芥川龍之介賞	荒地の家族	佐藤厚志
3	石橋湛山賞	人権と国家	筒井清輝
4	江戸川乱歩賞	此の世の果ての殺人	荒木あかね
5	オール讀物歴史時代小説新人賞	盟（かみかけて）信（しん）が大切	米原 信
6	大宅壮一ノンフィクション賞	彼は早稲田で死んだ	樋田 毅
7	開高健ノンフィクション賞	虚ろな革命家たち	佐賀 旭
8	群像新人文学賞	家庭用安心坑夫	小砂川チト
9	小林秀雄賞	謎ときサリンジャー	竹内康浩／朴舜起
10	サントリー学芸賞（思想・歴史部門）	生殖する人間の哲学	中 真生
11	柴田錬三郎賞	ミーツ・ザ・ワールド	金原ひとみ
12	司馬遼太郎賞	満洲国グランドホテル	平山周吉
13	小説現代長編新人賞	レペゼン母	宇野 碧
14	小説すばる新人賞	コーリング・ユー	永原 皓
15	新潮新人賞	いかれころ	三国美千子
16	太宰治賞	棕櫚を燃やす	野々井 透
17	谷崎潤一郎賞	ミトンとふびん	吉本ばなな
18	直木三十五賞	しろがねの葉	千早 茜
19	新田次郎文学賞	帆神	玉岡かおる
20	日本学士院賞	修道院と農民	佐藤彰一
21	野間文芸賞	ヒカリ文集	松浦理英子
22	文學界新人賞	N/A	年森 瑛
23	文藝賞	ジャクソンひとり	安堂ホセ
24	本屋大賞	同志少女よ、敵を撃て	逢坂冬馬
25	毎日芸術賞	燕は戻ってこない	桐野夏生
26	松本清張賞	凍る草原に鐘は鳴る	天城光琴
27	三島由紀夫賞	ブロッコリー・レボリューション	岡田利規
28	山本周五郎賞	黛家の兄弟	砂原浩太朗
29	吉川英治文学賞	やさしい猫	中島京子
30	読売文学賞小説賞	喜べ、幸いなる魂よ	佐藤亜紀

期的に訪れたほうがいい。その際は必ず、小説と文庫の新刊と、平積み商品を見ておくべきである。ビジネス支援サービスなどの特定のテーマに力を入れている図書館であれば、専門書の棚も見て、分類の仕方や平積み、面陳（本を立てかけ、表面を見せる陳列方法）されている商品を参考にするといい。

2　雑誌から情報を得る

　著者を知るための情報源としては、雑誌も重要だ。表7-9は著者について知るうえで役立つ雑誌の一覧である。出版科学研究所の「出版月報」は出版業界の専門情報誌なので出版関係者や出版業界に興味がある人なら手に取ったことがあるだろう。「本の雑誌」（本の雑誌社）、「ダ・ヴィンチ」（KADOKAWA）、「ユリイカ」（青土社）は書店の雑誌コーナーでもよく目にする。

3　専門紙・業界紙から情報を得る

　出版業界の専門情報紙も、目を通すべき情報源だ。表7-10は業界の動向を把握するために役立つ専門紙・業界紙の一覧である。普通の雑誌のように書店やコンビニで見かけたり手に取ったりしたことはないかもしれないが、図書館によっては所蔵している。専門紙がどのような情報を報じているかというと、例えば2023年1月26日付の「新文化」は、中央公論新社が刊行した原田ひ香『三千円の使いかた』（〔中公文庫〕、2021年）が発売して約1年半で80万部を突破したことを報じている。また、2023年1月31日付の「文化通信」は、竹林館が22年12月にモンゴル日本外交関係樹立50周年記念出版『風の虜になって── モンゴルと私』（佐藤紀子）を発刊したことを報じている。

4　インターネットから情報を得る

　インターネットでも著者や業界について知るうえで有益な情報を発信しているサイトがある。ユーザーが自分の文章などをアップできるプラットホーム「note」上で毎日更新されている「出版業界ニュースまとめ」は、元日販社員である古幡瑞穂が記事を書いていて、出版業界でどんなことが話題にな

表7-9　著者の情報を得るのに役立つ雑誌（筆者作成）

雑紙名	出版社	概要
出版月報	出版科学研究所	出版傾向、市場動向を分析
本の雑誌	本の雑誌社	書評とブックガイドが中心
ダ・ヴィンチ	KADOKAWA	新刊や話題の本とコミックを紹介
ユリイカ	青土社	文学だけではなく関係する分野も紹介

表7-10　出版業界の動向を把握することができる専門紙・業界紙（筆者作成）

専門紙・業界紙名	出版社	発売日	概要
新文化	新文化通信社	木曜日	ベストセラー情報を掲載
文化通信	文化通信社	火曜日	マスコミや出版業界の情報を掲載
週刊読書人	読書人	金曜日	図書の書評を掲載
図書新聞	武久出版	土曜日	

っているかを知ることができる。評論家で日本の出版について発言を続けている小田光雄が「はてなブログ」上で長年書き続けている「出版状況クロニクル」は、出版社各社の売上や施策などの情報をもとに出版業界の現状と今後の見通しについて分析していて、参考になる。[11]

第4章 著者に関する基本的な知識

1　NDC（日本十進分類法）

　表7-11は、公立図書館の一般図書の書架でよく目にする著者のごく一部を挙げ、代表的な著作のNDCごとに分類したものである。NDCの分類ごとに、2016年から21年までの間にそのジャンルで多くの著作を発表した著者をリストアップし、著作数が多い上位5人に絞り、図書館の横断検索をおこなって所蔵状況を調べ、さらに上位3人に絞った結果である。「0　総記」に挙げた池上彰は、監修を含めると紙の書籍で682冊の著作があり、そのなかには「3　社会科学」に該当するものもある（2023年2月1日の「honto」での検索による）。著者によっては複数のジャンルをまたいで著書を発表していることもある。以下、参考までにこの表7-11で示した一部の著者の略歴など

表7-11　NDC ごとの主な著者（筆者作成）

分類	著者例
0 総記	池上彰、井上香緒里、AYURA
1 哲学	齋藤孝、植西聰、島田裕巳
2 歴史	小和田哲男、井沢元彦、本郷和人
3 社会科学	佐藤優、宮崎正弘、髙橋洋一
4 自然科学	齋藤勝裕、小林弘幸、柳田理科雄
5 技術．工学	寺西恵里子、有元葉子、横山光昭
6 産業	今泉忠明、岩合光昭、生田誠
7 芸術．美術	羽生善治、小林一夫、中野ジェームズ修一
8 言語	デイビッド・セイン、樋口裕一、今野真二
9 文学	池澤夏樹、東野圭吾、西尾維新

を紹介する。これらはそれぞれの著書の奥付などから引用したものであり、著者名、略歴、23年1月時点の最新の単著を記している。

2　各分類の著者の例

「0 総記」の著者の例

井上香緒里（いのうえ・かおり）
東京都生まれ、神奈川県在住。テクニカルライター。SOHO のテクニカルライターチーム「チーム・モーション」を立ち上げ、IT 書籍や雑誌の執筆、ウェブコンテンツの執筆を中心に活動中。
『今すぐ使えるかんたんぜったいデキます！ワード＆エクセル超入門』技術評論社、2023年

「1 哲学」の著者の例

植西聰（うえにし・あきら）
東京都出身。著述家。学習院大学卒業後、資生堂に勤務。独立後、人生論の研究に従事。独自の「成心学」理論を確立し、心を元気づける著述活動を開始。1995年、産業カウンセラー（労働大臣認定資格）を取得。
『50歳からのやる気のツボ』秀和システム、2023年

島田裕巳（しまだ・ひろみ）

東京都生まれ。作家、宗教学者。東京女子大学非常勤講師。1976年、東京大学文学部宗教史学専修課程卒業。84年、同大学大学院人文科学研究科博士課程修了（宗教学専攻）。日本女子大学教授、東京大学先端科学技術研究センター特任研究員などを歴任。

『教養としての世界宗教史』（宝島社新書）、宝島社、2023年

「2 歴史」の著者の例

井沢元彦（いざわ・もとひこ）

愛知県生まれ。早稲田大学法学部卒業。TBS 報道記者時代の1980年に『猿丸幻視行』（講談社）で江戸川乱歩賞を受賞。現在は執筆活動に専念し、独自の歴史観で「逆説の日本史」を「週刊ポスト」で好評連載中。

『絶対に民主化しない中国の歴史』KADOKAWA、2023年

「3 社会科学」の著者の例

宮崎正弘（みやざき・まさひろ）

石川県生まれ。早稲田大学英文科中退。「日本学生新聞」編集長などを経て1982年に『もうひとつの資源戦争』（講談社）で論壇へ。以後、作家、評論家として活躍。神話や古代史を題材に現地踏査を重視した作品が多く、『こう読み直せ！日本の歴史』（ワック）など著書多数。

『徳川家康480年の孤独』ビジネス社、2022年

髙橋洋一（たかはし・よういち）

東京都生まれ。数量政策学者。東京大学理学部数学科・経済学部経済学科卒業。博士（政策研究）。嘉悦大学ビジネス創造学部教授、株式会社政策工房代表取締役会長。『さらば財務省！』（講談社）で第17回山本七平賞を受賞。

『図解 新・地政学入門』あさ出版、2022年

「4 自然科学」の著者の例

齋藤勝裕（さいとう・かつひろ）

名古屋工業大学名誉教授、愛知学院大学客員教授。専門は有機化学から物理化学にわたり、研究テーマは有機不安定中間体、環状付加反応、有機光化学

など。

『「水」という物質の不思議な科学』（SUPER サイエンス）、シーアンドアール研究所、2023年

小林弘幸（こばやし・ひろゆき）
順天堂大学大学院医学研究科修了。同大学大学院医学研究科・医学部教授。日本スポーツ協会公認スポーツドクター。ロンドン大学付属英国王立小児病院外科、アイルランド国立小児病院外科での勤務を経て、現職。自律神経研究の第一人者として、トップアスリートや文化人のコンディショニング、パフォーマンス向上指導に携わる。
『上機嫌の習慣』主婦の友社、2023年

「5 技術.工学」の著者の例

寺西恵里子（てらにし・えりこ）
サンリオに勤務し、子ども向け商品の企画・デザインを担当。退社後も"HAPPINESS FOR KIDS"をテーマに、手芸、料理、工作、子ども服、雑貨、おもちゃなどの商品としての企画・デザインを手がけると同時に、手作りがある暮らしを伝えるための創作活動として実用書などを執筆する。
『手縫いでも、ミシンでも！メルちゃんのきせかえお洋服＆こもの』日東書院本社、2022年

横山光昭（よこやま・みつあき）
家計再生コンサルタント。株式会社マイエフピー代表。お金の使い方そのものを改善する独自の家計再生プログラムで、個別の相談・指導が高い評価を得ている。これまでの相談件数は2万3,000件を突破。
『〈図解〉日本一やさしい年金の正解』ワン・パブリッシング、2022年

「6 産業」の著者の例

生田誠（いくた・まこと）
東京大学文学部美術史専修課程修了。元産経新聞社記者。日本を中心とした絵葉書の収集と研究をおこなう。絵葉書・地域史研究家。
『図説 なつかしの遊園地・動物園』（ふくろうの本）、河出書房新社、2022年

「7 芸術 . 美術」の著者の例

中野ジェームズ修一（なかの・じぇーむず しゅういち）
長野県生まれ。PTI 認定プロフェッショナルフィジカルトレーナー。アメリカ・スポーツ医学会認定運動生理学士。スポーツモチベーション最高技術責任者。フィジカルトレーナー協会代表理事。競技力向上やけが予防、高齢者のロコモティブシンドローム・生活習慣病の防止のためにフィジカル強化の方法を紹介。フィジカルトレーナーの第一人者。
『子どもを壊す部活トレ』（中公新書ラクレ）、中央公論新社、2022年

「8 言語」の著者の例

デイビッド・セイン
アメリカ生まれ。語学指導者。英語学習コンテンツを制作する AtoZ English を主宰。証券会社勤務後に来日。日本での30年にわたる英語指導の実績を生かし、英語学習書、教材などを手がける。累計400万部を超える著書を刊行。
『決定版 英会話「1日1パターン」レッスン』PHP 研究所、2023年

今野真二（こんの・しんじ）
神奈川県生まれ。早稲田大学大学院博士課程後期退学。高知大学助教授を経て清泉女子大学教授。専攻は日本語学。
『「鬱屈」の時代をよむ』（集英社新書）、集英社、2023年

「9 文学」の著者の例

池澤夏樹（いけざわ・なつき）
北海道生まれ。1984年『夏の朝の成層圏』（中央公論社）で長篇小説デビュー。88年『スティル・ライフ』（中央公論社）で芥川賞、92年『母なる自然のおっぱい』（新潮社）で読売文学賞を受賞。その他、多数の文学賞受賞。
『「メランコリア」とその他の詩』書肆山田、2021年

注

(1)「図書館流通センター」、前掲『図書館情報学用語辞典 第5版』
(2) 吉井潤「公立図書館の選書における一般図書の評価」、日本図書館情報学会春季研究集会事務局編「日本図書館情報学会春季研究集会発表論文集」日本図書館情報学会、2022年
(3) 活字文化議員連盟公共図書館プロジェクト「公共図書館の将来——「新しい公共」の実現をめざす（答申）」「文字・活字文化推進機構」（https://www.mojikatsuji.or.jp/wp/wp-content/uploads/2019/06/toshin.pdf）〔2023年3月11日アクセス〕
(4)「図書館に会いにゆく——出版界をつなぐ人々 配本に頼らない仕入本来の役割を愚直に追求」「図書新聞」2016年3月19日付
(5) 図書館流通センター「2022年度新刊急行ベルのご案内」図書館流通センター、2022年、1—9ページ
(6)「選書と物流——人と資料をつなぐために」「図書館流通センター」（https://www.trc.co.jp/solution/logistics.html）〔2023年3月11日アクセス〕
(7) 図書館流通センター「TRC は図書館で自ら学ぶ市民の頼もしい伴走者です」図書館流通センター、2022年、14—15ページ
(8)「中央公論新社『三千円の使いかた』（中公文庫）発売1年半で80万部突破」「新文化」2023年1月26日付
(9)「竹林館 日本・モンゴル外交50周年記念作品を刊行」「文化通信」2023年1月31日付
(10) mizuho furuhata「出版業界ニュースまとめ」「note」（https://note.com/mizuho_furu/m/m0b0e18c667e3）〔2023年3月11日アクセス〕
(11) 小田光雄「出版・読書メモランダム」（https://odamitsuo.hatenablog.com/）〔2023年3月11日アクセス〕

コレクション形成の理論

図書館情報資源の選択

1　言葉の定義

資料選択

『図書館情報学用語辞典 第5版』では、資料選択を次のように定義している。

> 不特定多数の利用者を想定し、一定の蔵書構成を実現するために収集すべき個別の資料を選択すること。選書ともいう。または、蔵書の中から特定の利用者のために適書を選択すること。通常は前者を指す。すなわち、現存蔵書の充実度、利用頻度、利用者のニーズを考慮して、個々の資料を図書館に受け入れるかどうかを決定する作業やその過程を指す。資料選択は、収集方針や年度ごとの重点計画に基づいて行われ、選択基準に従って、個々の資料タイプが図書館の目的に適合するか、資料の有用性と費用対効果はどうか、利用者要求やニーズを充足させるか、資料収集の緊急性と優先順位は適正であるかどうかなどを判断して行われる。[1]

蔵書

『図書館情報学用語辞典 第5版』では、蔵書を次のように定義している。

> 図書を所有すること、またその図書。一般には、個人、図書館、機関、団体が所蔵する多数の図書をいい、1冊をいう場合も多数の図書の中の

1冊の意味を持つ。図書以外の逐次刊行物などを含む資料一般に広義に用いることもある。多数の図書が相互に有機的につながりを持つと、蔵書は各図書の単純合計以上の意味を持つが、ばらばらに収集されると個々の図書も蔵書全体も意味を失ってしまう。蔵書のこのような有機的性格に着目して蔵書構成という概念を確立したのは、中田邦造（1897-1956）である。1956年のイリノイ大学のセミナーでも蔵書のこの性質が発見され、以後、米国では book selection に代わって collection development が基本概念となった。また図書館蔵書は限りなく増加する性質を持ち、この特質をランガナータンは "a growing organization" と呼んだ。(2)

蔵書構成

『図書館情報学用語辞典 第5版』では、蔵書構成を次のように定義している。

> 図書館蔵書が図書館のサービス目的を実現する構造となるように、資料を選択、収集して、計画的組織的に蔵書を形成、維持、発展させていく意図的なプロセス。蔵書形成、蔵書構築（collection building）ともいう。収集方針の決定と調整、ニーズ調査、利用（者）調査、蔵書評価、資源共有計画、蔵書維持管理、除籍などの諸活動が含まれる。図書館蔵書は固定した資料群ではなく、新しく刊行された資料を追加したり、過去の資料を遡及収集したり、使われなくなった資料を外したりするなど、動的な資料群である。そのため、蔵書構成のプロセスは、蔵書評価による資料の更新、除架、除籍、保存など、蔵書の再構築作業を含む蔵書の系統的な発展活動である。(3)

コレクション

『図書館情報学用語辞典 第5版』では、コレクションを次のように定義している。

> (1)図書館で所蔵する資料全体。図書館コレクションともいう。図書が中心である印象の強い「蔵書」に代わって、より多様な資料の集積を意味

第8回　コレクション形成の理論

第1章　図書館情報資源の選択　　121

する用語として用いられている。(2)利用目的、利用者層、主題、資料種別、資料形態など共通の特性を持ち、一まとまりとして運営、管理される資料群。(4)

特殊コレクション

『図書館情報学用語辞典 第5版』では、特殊コレクションを次のように定義している。

> 図書館コレクションのうち、特定の主題、あるいは資料種類、資料形態から構成されるコレクション群の総称で、一般コレクションと対比される。貴重書、個人文庫、さらには一枚ものの地図、楽譜、判例、特許資料、標準規格、学位論文、点字資料などが特殊コレクションの例である。これらの資料は、一般コレクションの中に排架すると分散してしまい、利用目的によっては使いにくくなるので、一つのまとまった単位として一括して別置するほうがよいとされている。(5)

2 「蔵書」から「コレクション」へ

「コレクション」というと美術品など希少価値があるものをイメージするかもしれない。図8-1に示した龍谷大学図書館のコレクションなどは国宝や重要文化財を含むので、そのイメージどおりのコレクションといえるだろう。公立図書館や特定分野に特化した専門図書館も「コレクション」という名称で公開されている希少な資料群をもっていることがある。

　しかし、ここでいうコレクションとは、蔵書をはじめとする図書館が所蔵する資料全体を指す。蔵書というと文字どおり書架に並んでいる図書を想像するだろう。図書館によっては本に蔵書印を押すので、それを見ればその図書館の蔵書だということが一目でわかる。しかしすでに述べたように、最近では公立図書館は電子書籍やデータベースといったいわゆる紙の資料以外の情報資源も導入しはじめている。電子書籍やデータベースは、業者と契約することで図書館で閲覧できるようにしているが、図書館が所蔵しているわけではない。前節の「言葉の定義」で示したように、そうした資料全体を示す概念として、図書館ではコレクションという語を使うようになった。蔵書か

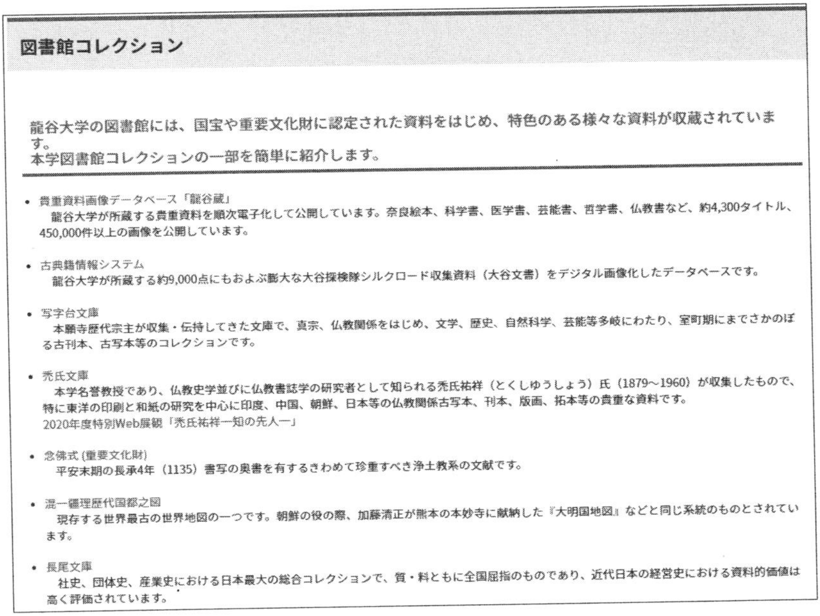

図書館コレクション

龍谷大学の図書館には、国宝や重要文化財に認定された資料をはじめ、特色のある様々な資料が収蔵されています。
本学図書館コレクションの一部を簡単に紹介します。

- 貴重資料画像データベース「龍谷蔵」
  龍谷大学が所蔵する貴重資料を順次電子化して公開しています。奈良絵本、科学書、医学書、芸能書、哲学書、仏教書など、約4,300タイトル、450,000件以上の画像を公開しています。

- 古典籍情報システム
  龍谷大学が所蔵する約9,000点にもおよぶ膨大な大谷探検隊シルクロード収集資料（大谷文書）をデジタル画像化したデータベースです。

- 写字台文庫
  本願寺歴代宗主が収集・伝持してきた文庫で、真宗、仏教関係をはじめ、文学、歴史、自然科学、芸能等多岐にわたり、室町期にまでさかのぼる古刊本、古写本等のコレクションです。

- 禿氏文庫
  本学名誉教授であり、仏教史学並びに仏教書誌学の研究者として知られる禿氏祐祥（とくしゆうしよう）氏（1879～1960）が収集したもので、特に東洋の印刷と和紙の研究を中心に印度、中国、朝鮮、日本等の仏教関係古写本、刊本、版画、拓本等の貴重な資料です。
  2020年度特別Web展観「禿氏祐祥－知の先人－」

- 念佛式（重要文化財）
  平安末期の長承4年（1135）書写の奥書を有するきわめて珍重すべき浄土教系の文献です。

- 混一彊歴代国都之図
  現存する世界最古の世界地図の一つです。朝鮮の役の際、加藤清正が熊本の本妙寺に献納した《大明国地図》などと同じ系統のものとされています。

- 長尾文庫
  社史、団体史、産業史における日本最大の総合コレクションで、質・料ともに全国屈指のものであり、近代日本の経営史における資料的価値は高く評価されています。

図8-1　龍谷大学図書館のコレクションの一部
（出典：「図書館コレクション」「龍谷大学図書館」〔https://library.ryukoku.ac.jp/Guide/page_id21〕〔2023年1月29日アクセス〕）

らコレクションへと言葉が変わっていく過渡期のただなかに、私たちはいるのかもしれない。

3　蔵書構築と資料選択

　公立図書館の場合、蔵書を構築するということは、住民が利用する情報資源を、住民の税金を使って、図書館員が何かしらの基準をもとにかわりに選んでいるということなのだ。その意味で蔵書の構築は図書館業務のなかでも独特である。しかも住民には乳幼児から高齢者までが含まれ、そのニーズを的確につかむのは難しい。蔵書構築を考える場合は、該当する図書館、または分館があるならそれらも含めて全体を俯瞰するいわばマクロな視点が必要である。その一方で、資料選択を考える場合には、ミクロな視点で個々の資料を購入するかどうかなどを判断しなくてはならない。

表8-1　徳川家康に関する新刊図書
出版点数（筆者作成）

年月	出版点数（点）
2022年1月	1
2月	0
3月	0
4月	0
5月	0
6月	2
7月	3
8月	1
9月	4
10月	9
11月	16
12月	27
2023年1月	15
2月	12
合計	90

一般的な市区町村立図書館では、図書館情報資源として、図書を中心に、雑誌、新聞、視聴覚資料、データベースなどを備えている。図書のジャンルは、小説などの読み物や料理本などの実用書、入門書などが多い。自治体によっては1館だけではなく複数の図書館があるが、中央館や本館といわれる図書館では一般書を網羅的に購入し、いわゆる専門書は選択的に購入する傾向がある。それに対し分館や地域館では一般書は選択的、専門書はそれよりさらに数を絞って限定的に購入する傾向がある。また分室の場合は専門書はほとんど購入せず、一般書も限定的にしかそろえないという傾向がある。

4　NHK大河ドラマが図書館の蔵書に影響を及ぼす例

　NHKの大河ドラマのモデルになる人物は多くの人の関心を呼ぶので、毎年主人公に関連する図書が出版される。例えば、2023年1月8日から放送が始まったNHK大河ドラマ第62作『どうする家康』は、徳川家康が主人公だ。表8-1は、22年1月から23年2月までに基本件名標目表（BSH：Basic Subject Headings）で徳川家康と検索したときにヒットする新刊図書の出版点数を月別に示したものである。これをみると、NHK大河ドラマの放送が始まる前後に多数の関連書籍が出版されていることがわかる。図8-2は東京都江戸川区立篠崎図書館の例だが、公立図書館ではこのように大河ドラマに関連する展示をおこなうところが多い。

　2022年1月に出版された柴裕之編著『徳川家康』(6)（定価7000円＋税）は、合戦、領国支配、一向一揆、外交、史料などに関する論考18本を収録し、現在の徳川家康研究の状況がわかることから、いわゆる専門書または研究書といわれる図書である。こうした本は分館や分室ではよほどのことがないかぎ

◆ **展示** 大特集「どうする家康」

新年最初の開館日の今日、
毎年恒例のNHK大河ドラマ展示

「どうする家康」
が始まりました。

三河の小大名の家に生まれた徳川家康。

図8-2　　東京都江戸川区立篠崎図書館の大特集展示
(出典：「展示 大特集「どうする家康」」「江戸川区立篠崎図書館」〔https://www.shinozaki-
bunkaplaza.com/library/blog/article.php?id=1727〕［2023年1月29日アクセス］)

り買わない。『どうする家康』の第8回と第9回で取り上げられた「三河一向
一揆」について関心をもった視聴者はこの本を手に取れば村岡幹生による
「永禄三河一揆の展開過程―― 三河一向一揆を見直す」と題する論考を読む
ことができるが、この論考は大学で日本史を学んだか、もしくは徳川家康の
ファンでなければ理解が難しいだろう。しかし、柴裕之が同年9月に出版し
た『青年家康』(定価1700円＋税)は、桶狭間の戦いのあと、家康がどのよ
うに今川家の従属から独立したのかが描かれていて、歴史が好きな人なら読

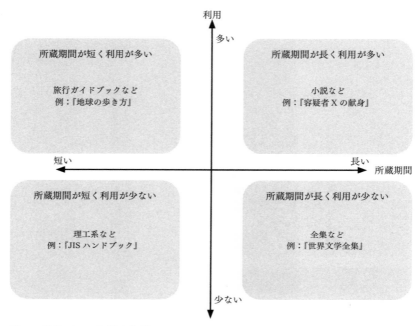

利用
多い

所蔵期間が短く利用が多い

旅行ガイドブックなど
例：『地球の歩き方』

所蔵期間が長く利用が多い

小説など
例：『容疑者 X の献身』

短い ←──────────────→ 長い
　　　　　　　　　　　　　所蔵期間

所蔵期間が短く利用が少ない

理工系など
例：『JIS ハンドブック』

所蔵期間が長く利用が少ない

全集など
例：『世界文学全集』

少ない

図8-3　蔵書のタイプ（筆者作成）

みやすいため、分館や地域館を含めて多くの公立図書館で所蔵している可能
性が高い。「三河一向一揆」についても記載があり、さらには「三河一揆関
係図」も掲載されているので理解しやすい。また、柴が17年に発表した著
書『徳川家康』（定価1700円＋税）は、家康が江戸幕府を開くまでの歩みに
ついて論じている。「三河一向一揆」についての記載や、『青年家康』のもの
とほぼ同じ「三河一揆関係図」も掲載されていて、こちらも読みやすいため
分館や地域館を含めて多くの公立図書館で所蔵している可能性がある。『青
年家康』を新規に購入したが、17年の『徳川家康』も所蔵しているという
図書館の場合、書架のスペースに余裕があればそのまま棚に置いておくが、
そうでなければ『徳川家康』は閉架書庫に入れるだろう。

5　蔵書のタイプ

　蔵書にはさまざまな性格がある。所蔵図書を所蔵期間の長さと利用の多さ

でタイプ別に分類すると図8-3のようになる。例えば『地球の歩き方』（地球の歩き方）のような旅行ガイドブックは、情報が古くなると役に立たないため、新版が出たらそのつど買い替えることになる。そうなると必然的に所蔵期間は短くなるが、こうした旅行ガイドブックは借りる人が多い。一方で、よく壁面書架に並んでいる世界文学全集などの全集は、利用は少ないものの長期間所蔵しつづけることが多い。蔵書構成を考える際にはこのような図書のタイプを意識することが大切である。

6　蔵書構築の条件

　蔵書を構築する際に配慮すべきことは、主に①資料購入費、②図書館の収容能力、③全体のバランス、④ほかの図書館の所蔵状況、⑤電子資料との関係の5点である。

　①については説明するまでもないが、資料購入費は限られているのでその範囲でバランスのいい選択をしなくてはならない。②については、例えば新しく刊行が始まる文学全集を購入したいと思ったとして、巻数が50巻などと非常に多い場合、どの棚に排架するのかということを考えなければならない。収容スペースは限られているので、あらかじめ全巻が入るかどうかを見極めておく必要がある。③は資料が特定の思想やテーマに偏っていないかを注意することである。④については、同一自治体内に複数の図書館があった場合に重複して所蔵していればどちらかの図書館がもっていればいい。また、隣接自治体や県内で所蔵していなければ、保存という観点から所蔵しつづけることを考えたほうがいい。⑤については、例えば紙媒体の文学全集を電子書籍として電子図書館で提供できるというケースを考えてみてほしい。その場合、紙媒体の全集を所蔵するのをやめて、そのスペースにほかの資料を排架することも検討できる。

7　資料選択の判断基準

　蔵書構成を考えたうえで資料選択をする際に判断の基準になるのは、主に①図書館の目的、②利用者の要求、③本の価値の3点である。図書館業界ではこれらは目的論、要求論、価値論などといわれ、相互に対立するものと考

える傾向があるが、必ずしもそう捉えるべきではない。

　①は、図書館法第2条の現実化を重視する考え方である。②は、図書館は利用されてこそ価値があるのだから、利用者の要求こそが最も重要だという考え方である。ただし、すでに述べたように、住民といっても年齢もさまざまでそのニーズは多様だ。そうした人々の要求をどこまで満たせるのかということも考える必要がある。③は、図書館情報資源の教育的・文化的な価値を志向する考え方である。この考え方を重視する場合、いわば図書館情報資源が来館者を選ぶことになるが、はたしてどこまで来館者の需要を満たすことができるのかということは考慮する必要がある。

8　アメリカの図書選択理論

　アメリカの蔵書構成と図書選択に関する理論には長い歴史がある。「ベーシック司書講座・図書館の基礎と展望」シリーズの第8巻『図書館情報資源概論』（学文社）には、巻末資料として「米国における代表的な図書選択理論」の一覧表があるが、それによると1895年のメアリー・カトラーから1971年のニール・リッグスまで、29人の論者がそれぞれの理論のもとに図書選択のあり方について提言している。カトラーの項には、「図書の専門家である図書館員ではなく「図書を知りつつ素人の興味を理解できる者」が、多くの利用者に読まれる図書を、書評専門誌などを参考にして選択すべきであると主張。さらに、それによって地域社会の人々の生活が発展充実することが大切であると述べた。「多くの利用者に読まれる図書」とは、医学や法律などの専門書ではないものという意味(9)」と記されている。アメリカの図書選択論について詳しく知りたい場合は、河井弘志の『アメリカにおける図書選択論の学説史的研究(10)』と『図書選択論の視界(11)』が詳しく解説している。

9　日本の図書選択理論

　日本で初めて図書選択理論について論じたのは、1912年の渡辺徳太郎の論文「図書選択の標準(12)」だった。これはジェームス・ブラウンの図書選択理論の翻訳と渡辺自らの意見からなり、基本的に良書主義を取っていた。ブラウンが「良書」を教養主義的に捉えているのに対し、渡辺は国家にとって価

値がある本が「良書」という捉え方をしていた。[13]戦前の日本らしい見方だったといえるだろう。

1960年代まで公立図書館では、戦前から続く教育的な観点からの価値論が優位を占めていた。しかし、それも70年代ごろから変化していく。70年に日本図書館協会が刊行した『市民の図書館』では、「図書館の図書選択はあくまで、市民の図書費を図書館があずかり、市民のために図書を選ぶのであることを忘れないようにしよう」[14]と述べている。このように、この時代以降は要求論が優位になっていく。

東京都・日野市立図書館の初代館長を務めた前川恒雄は著書『われらの図書館』のなかで、買いたくない本について以下のように述べている。「リクエストのほとんどは、図書館員が教えられるような本だが、なかには買いたくない本がリクエストされる場合もある。これには2段階あり、第1段階の本は、心霊・念写・家相・死後の世界などの本で、読者がどこまで信用しているのか疑問だが、現代の漠然とした不安の反映なのか、この種の本の要求もでてくる。「1億円もうけるには」「宝くじの買い方」というたぐいの本もある。（略）すべてを断わるべきではないが、できるだけ消極的な対応をして、買っても書庫におさめた方がいいだろう。（略）第2段階の本は、万一リクエストされれば断わらねばならない本で、それは極端に低俗な本である。いささか抽象的・主観的な言い方かもしれないが、人間の尊厳をきずつけるような本である」[15]

1990年代以降は第6回「情報資源の生産（出版）と流通」でも述べたように、「図書館無料貸本屋論」といった、要求論への批判ともいえる議論が起きている。

第2章
図書館情報資源の収集

1　言葉の定義

収集方針

『図書館情報学用語辞典 第5版』では、収集方針を次のように定義している。

収集すべき図書館資料についての基本的な資料選択のための方針で、その図書館がどのような図書館サービスを目指しているのかを、蔵書構成の面から明らかにしたもの。成文化にあたっては、目的、意義、サービス対象、収集範囲などを明確に規定し、広く公開して、サービス対象集団の批判と協力を得るように努める。日本では、1970年代頃から成文化された収集方針が見られるようになってきているが、まだ、きわめて原則的なものが多く、蔵書の発展の方向性を示しているものは少ない。「図書館の自由に関する宣言」では、"図書館は、自らの責任において作成した収集方針に基づき資料の選択および収集を行う"とあり、専門職としての図書館観が問われている。[16]

資料選択基準

『図書館情報学用語辞典 第5版』では、資料選択基準を次のように定義している。

図書館が資料を収集する際の基本的な方針である収集方針に基づいた、個々の資料を選定する際のよりどころとなる細則。資料選定基準とも呼ぶ。その内容は、資料の対象や類型、それに分野ごとに、どの程度の密度で、どのような資料を収集するかを明確にしたもの。これに基づき資料選択することにより、収集方針に沿った蔵書構成となることを目指している。[17]

図書館の自由に関する宣言

『図書館情報学用語辞典 第5版』では、図書館の自由に関する宣言を次のように定義している。

1954（昭和29）年日本図書館協会全国図書館大会において採択された宣言で、図書館および図書館員の知的自由に関する基本的立場とその決意を表明している。1979（昭和54）年に改訂された。「知る自由」の法的根拠は「日本国憲法」が保障している「表現の自由」であり、資料と施設の提供を通じて、基本的人権としての「知る自由」を国民に保障する

ことが図書館の最も重要な任務であるとして、そのために、図書館は資料の収集および提供の自由を有すること、利用者の秘密を守ること、検閲に反対すること、団結して自由を守ることがうたわれている。[(18)]

2　資料収集方針の具体例

資料収集方針を成文化する場合、図8-4の東京都葛飾区立図書館の例のように、除籍（第9回「コレクション形成の方法」の第4章「評価」を参照）についても定める場合がある。また、表8-2の京都府立図書館の例のように、資料の収集に関する全般的な方針を明文化したうえで、さらにより具体的な選択基準・除籍基準を設けている場合もある。表8-2の「3　一般図書（総記）」をみると「積極的に」「幅広く」とあり、度合いがわかるようになっている。

図8-4の「1　収集の基本方針」にある「⑶著者の思想的、宗教的、党派的立場にとらわれて、その著作を排除することはしません」は当然のことのようにも思えるが、このように明記されているのは、千葉県の船橋市西図書館で起こった蔵書廃棄事件のような例を想定していると思われる。どのような事件だったか、概略を紹介しよう。

2001年8月に千葉県船橋市西図書館に勤務していた図書館員Aが、「新しい歴史教科書をつくる会」やこれに賛同する者らの著作107冊をほかの職員に指示して集めたうえで、コンピューターの蔵書リストでそのうち68冊の除籍処理をして廃棄した。これを2002年4月12日付「産経新聞」が報道したのをきっかけに、このことが広く知れ渡った。その後、著者8人と「つくる会」は、著作者としての人格的利益などを侵害されて精神的苦痛を受けたとして、船橋市に対して国家賠償法第1条第1項に基づき、また図書館員Aに対しては民法第715条に基づき、慰謝料の支払いを求めて東京地方裁判所に提訴した。東京地裁、東京高等裁判所とも原告の請求を棄却したため、原告が最高裁判所に上告したところ、最高裁は船橋市に対する原告の請求を認容し、控訴審判決を破棄して、東京高裁に差し戻した。東京高裁は差し戻し審判決で、原告の国家賠償請求を認容し、船橋市に原告1人あたり慰謝料3,000円の支払いを命じた。[(19)]

葛飾区立図書館資料収集・除籍方針について

　この方針は、区民の知る権利を保障し、地域の情報拠点として資料の充実を図り、地域や区民生活に役立つ情報の取得を支援するため、葛飾区立図書館の資料の収集・保存・除籍に当たって必要な事項を定めています。

1　収集の基本方針
　　葛飾区立図書館は、「図書館法」の精神に基づき、「図書館の自由に関する宣言」及び「図書館員の倫理綱領」をふまえて、下記の方針のもとに資料（寄贈資料を含む）収集を行っています。
（1）　図書館は、生涯学習社会における公共図書館の役割を深く認識し、区民各層の要求及び社会的動向に十分配慮し、区民の教養、調査研究、レクリエーション等に役立つ資料を収集します。
（2）　対立する多様な意見のある問題については、それぞれの観点に立つ資料を幅広く収集します。
（3）　著者の思想的、宗教的、党派的立場にとらわれて、その著作を排除することはしません。
（4）　図書館員の個人的な関心や好みによって選択をしません。
（5）　個人・組織・団体からの圧力や干渉によって収集の自由を放棄したり、自己規制はしません。
（6）　図書館の収集した資料にどのような思想や主張があろうとも、それを図書館及び図書館員が支持することを意味するものではありません。

2　選定の基本方針
　　収集する資料の選定にあたっては、次のことに留意します。
（1）　各分野の基本的な資料を選定します。
（2）　時事問題や社会情勢についての資料は積極的に選定します。
（3）　対象とする主題に最良かつ最適な資料の選定に努めます。
（4）　著しく高度な専門書や特殊な資料は選定しません。ただし、地域資料及び図書館の蔵書として必要と認められるものについては、この限りではありません。
（5）　学習参考書や問題集、特殊装備の資料や形態が複雑な資料、書き込み式のページが多い資料は、原則として選定しません。
（6）　特定の機関や団体の宣伝を目的とする資料は選定しません。
（7）　特定の機関や団体及び個人を誹謗中傷するような資料は選定しません。
（8）　暴力や犯罪を容認したり、残虐性を助長する資料、人権への配慮に欠ける資料及び性的表現が過激な資料は選定しません。
（9）　多量に出版されている類似資料については、著者や出版社などを参考に選定します。

図8-4　「葛飾区立図書館資料収集・除籍方針について」の一部
（出典：葛飾区立図書館「葛飾区立図書館資料収集・除籍方針について」〔https://www.lib.city.katsushika.lg.jp/images/upload/chpos20220622.pdf〕〔2023年1月29日アクセス〕）

表8-2　京都府立図書館資料収集方針に基づく資料収集基準の一部

分野	資料収集基準
全分野共通	①「基本方針」及び「資料収集方針」に則り、各分野の基本図書、専門書、資料集を収集する。 ②市町村の図書館では揃えにくい専門書、資料集等を収集するが、過度に専門的な収集にかたよらないようにする。 ③レファレンス業務に役立つ参考図書類は積極的に収集する。 ④カウンター業務等で得られた情報を選書にフィードバックするように努める。 ⑤現在だけでなく将来における利用をも念頭におき、資料的価値が高いものの収集に努める。 ⑥「図書館の自由に関する宣言」を考慮して収集する。 ⑦類書が多数ある場合は精選する。 ⑧次の図書は収集の対象外とする。 　書き込み可能な資格試験問題集、入試問題集、簡易な入門書、資格取得のためのノウハウ本、学校案内、まんが、ゲーム攻略本等
1 京都関係 （別置記号K）	①京都に関するものは府立京都学・歴彩館の所蔵状況を視野に入れる。古文書、行政文書、古典籍は収集の対象外とし、市販された資料を中心に次のものを収集する。 ・京都に関係の深い人物、団体等又は京都を主題とする資料 ・観光ガイドブック（内容の資料性を検討） ・シリーズもの等一般書として収集しているもののうち上記に該当するもの（京都に関するものは京都資料として複本購入）
2 外国語図書	①京都に関するものを収集する。 ②日本の伝統文化に関するものを収集する。 ③著名な日本語図書（文学作品、学術書、思想書等）の外国語訳は収集に努める。 ④多言語・多文化サービスを考慮した基本図書を収集する。
3 一般図書 （総記）	①図書館学及び図書館に関するものは積極的に収集する。 ②出版、新聞、博物館に関するものは幅広く収集する。 ③情報科学は最新の技術や情報に留意して収集する。
（哲学）	①哲学、心理学は主要な学者の代表的著作及び参考図書、専門書に重点を置き収集する。 ②宗教は学問的な対象として宗教をとらえた参考図書、専門書を精選する。 ③超心理学、人生訓等は厳選する。

（出典：京都府立図書館「京都府立図書館資料収集方針に基づく資料収集基準」〔https://www.library.pref.kyoto.jp/contents/wp-content/uploads/2017/01/material_manifest.pdf〕〔2023年1月29日アクセス〕）

3　資料収集方針を公開している図書館

　全国公共図書館協議会の「2018年度（平成30年度）公立図書館における蔵書構成・管理に関する実態調査報告書」によると、都道府県立図書館で収集方針を明文化しているのは100％（47館）で、その方針をインターネットなどで公開しているのは68.1％（32館）だった。一方、市区町村立図書館で収集方針を明文化しているのは71.6％（949館）で、公開と非公開の割合はほぼ拮抗していて、公開49.3％（468館）、非公開49.4％（469館）だった。

　都道府県立図書館で選定基準を明文化している図書館は80.9％（38館）で、このうちその基準を公開している図書館は60.5％（23館）だった。市区町村立図書館で選定基準を明文化している図書館は49.3％（654館）で、そのうち非公開が56.3％（368館）と、公開の41.3％（270館）を上回っている[20]。

　資料収集方針をウェブサイトで公開していれば、住民が「自分が住んでいる地域の図書館ではどのように本を選んで購入しているのか」と疑問をもったときに自分で調べることができる。そうでなかったとしても、収集方針を公開していれば、来館者から質問を受けたときに図書館員が回答することができる。

4　東京都小平市立図書館の事例

　東京都小平市立図書館は、中央館1館、地区図書館7館と3分室の計11館からなる。2014年に「小平市立図書館資料収集方針」が策定され、図書館のウェブサイトで公開されている。そこには「館別収集方針」という項目があり、「中央図書館、地区図書館及び分室はそれぞれの機能に応じて、体系的な蔵書を形成するよう、分担して効率的に資料を収集する」と明記してある[21]。

　小平市が館別の収集方針を作ったのは、11館からなる小平市立図書館全体を1つの大きな図書館として捉えたうえで、各館の蔵書に特色をもたせたいと意図したからである。どこの図書館が何を分担するかについては、日本十進分類法の分類を各館の開館年次の順で割り当てている（例えば2類の歴史地理は仲町図書館が収集する）。

小平市は東西約10キロメートルに広がる地域なので、比較的利用頻度が高い2類については、東西の2館で収集している。旅行ガイドは、花小金井図書館では JTB パブリッシングの「るるぶ」、津田図書館では昭文社の「まっぷるマガジン」を収集するというように分担している。そのほかの利用頻度が高い「590 家政学 . 生活科学」や「913 小説 . 物語」は全館で調整を図ったうえで収集している。

第3章
図書館情報資源の評価

1　言葉の定義

蔵書評価

『図書館情報学用語辞典 第5版』では、蔵書評価を次のように定義している。

> 蔵書が図書館の目的や役割をどの程度達成する力があるか、利用者の要求やニーズをどの程度満たしているか、蔵書のどのような領域に欠陥や問題があるか、資料購入費はどれくらい有効かなどを判断するために、蔵書の質や量を評価すること。蔵書評価は、現在の蔵書の長所や短所の評価であると同時に、新たに発生する利用者のニーズに合わせて資料を追加し、あるいは除去できるよう、蔵書構成方針に修正を加えたり、蔵書構成の継続的発展を図るための評価である。蔵書中心の評価法として、観察法、チェックリスト法、蔵書統計分析などがあり、利用中心の評価法には、利用統計分析、館内利用調査、リクエストの分析、利用可能性調査、読書調査などがある。[22]

観察法

『図書館情報学用語辞典 第5版』では、観察法を次のように定義している。

> (1)図書館の蔵書評価方法の一つで、特定主題に詳しい専門家、あるいは複数の専門家からなるチームが直接にコレクションを点検し、その規

模、深さ、資料の新しさや物理的状態などの特性や欠陥などを評価する方法。蔵書規模が小規模で、扱われている主題領域が限定されているときに効力がある。この評価法は、比較的簡便にコレクションを評価できるが主観的であるため、通常は、他の評価法と組み合わせて利用する。(2)利用者調査あるいは利用調査の手法の一つで、対象者を決めて資料やサービス、施設の利用状況を観察する方法。一定の条件を決める統制的方法と条件を決めないで対象者の行動を観察する非統制的方法がある。⁽²³⁾

チェックリスト法

『図書館情報学用語辞典 第5版』では、チェックリスト法を次のように定義している。

> 図書館コレクションの評価方法の一つで、あらかじめ用意したチェックリストと照合し、リストにあげられている資料の所蔵を調査して評価する方法。所蔵率が高ければ、コレクションが望ましい状態にあると考えることになる。使用されるチェックリストには、基本図書リスト、重要な専門図書館の蔵書目録、主題専門書誌、学術雑誌の引用文献、受賞作品リストなどがある。大学図書館の図書では主題書誌が、学術雑誌ではよく引用される雑誌のリストが用いられている。中小規模の公共図書館では選定図書のリストが使われることが多い。この方法は、照合作業が中心であるので、一般に作業が簡単で、図書館以外の管理者に蔵書の弱点を確認させる際、他の方法よりも理解されやすい。しかし、適切なチェックリストが得られるかどうかが問題である。[24]

利用可能性

『図書館情報学用語辞典 第5版』では、利用可能性を次のように定義している。

> 図書館のパフォーマンス測定を構成する概念の一つで、『JIS X 0812 図書館パフォーマンス指標』によれば、"利用者が要求したときに、コンテンツ、資料、施設又はサービスについて、実際に図書館が提供できる程度"。通常は資料について用いられ、ある資料を利用したいと望んで

いる利用者がいるときに、実際にその資料を利用できるかどうかに関する可能性をいう。書架にあり、すぐにその利用が可能な場合を「即時的な利用可能性」とし、相互貸借などを経由するような場合と区別することがある。米国の大学図書館では特定の文献を探している利用者を調査し、利用に成功したか否かを明らかにするとともに、失敗した場合の原因を明らかにする利用可能性調査の実施例がある。[25]

蔵書統計

『図書館情報学用語辞典 第5版』では、蔵書統計を次のように定義している。

> 蔵書冊数で表される図書館統計。蔵書構成の現状を知り、今後の収集計画、蔵書管理に反映させるために行われる。図書と逐次刊行物、さらにその他の資料形態別に分け、分類別、開架と閉架別、利用対象別などで表すのが一般的である。また、受入冊数、除籍冊数なども含む。大学図書館では、図書の冊数と製本雑誌の点数を加えた値を蔵書冊数とすることが多い。[26]

蔵書新鮮度

『図書館情報学用語辞典 第5版』では、蔵書新鮮度を次のように定義している。

> 図書館蔵書を評価する指標の一つで、ある年に新規に受け入れた図書の冊数を年の終わりの蔵書冊数で割った値。一般に、新規に受け入れた蔵書の利用は、受入直後を最高として数年はよく利用されるが、その後利用は急速に減少する。多くの公共図書館や大学図書館の学習用コレクションなどでは、蔵書の利用を高めるためには、蔵書新鮮度を高めることが必要となる。[27]

蔵書更新率

『図書館情報学用語辞典 第5版』では、蔵書更新率を次のように定義している。

表8-3　A市立図書館の蔵書統計（筆者作成）

年度	蔵書冊数a（冊）				開架冊数（冊）		受入冊数b（冊）		除籍冊数c（冊）	
	合計		うち移動図書館車							
		指数		指数		指数		指数		指数
2019年度	170,000	100.0	9,960	100.0	82,140	100.0	6,000	100.0	1,000	100.0
2020年度	175,000	102.9	9,870	99.1	90,790	110.5	6,000	100.0	1,000	100.0
2021年度	180,000	105.9	9,880	99.2	90,340	110.0	6,000	100.0	1,000	100.0
2022年度	185,000	108.8	9,990	100.3	88,000	107.1	6,000	100.0	1,000	100.0
2023年度	190,000	111.8	9,820	98.6	89,000	108.4	6,000	100.0	1,000	100.0

　　図書館蔵書を評価する指標の一つで、ある年に新規に受け入れた図書の冊数と除籍した図書の冊数を足し合わせて、年の終わりの蔵書冊数で割った値。資料の更新がどの程度なされているかを測定する尺度である。新規に受け入れた図書のみの場合が蔵書新鮮度である[28]。

2　図書館情報資源の評価例

　　前節の言葉の定義からもわかるように蔵書評価の方法にはさまざまな種類があるが、なかでも業務端末から抽出した統計データを用いた客観的評価は簡易におこなえる評価方法の一つである。一例として、表8-3に挙げた架空のA市立図書館の蔵書統計を使って解説しよう。2019年度の蔵書冊数は17万冊だったが、23年度には2万冊増加して19万冊になっている。A市は人口が減少しているので、1人あたりの蔵書冊数が2.5冊から3.0冊になったことになる。これだけでは評価には不十分なので、NDCの内訳をみる必要がある。表8-4は架空のB市立図書館の一般図書と児童図書のNDCによる内訳である。多くの公立図書館の一般図書の構成比は「9 文学」の比率が最も高く、その次が「3 社会科学」であることが多いが、B市にもその傾向がみられる。児童図書については、「9 文学」と「絵本」の構成比が高い傾向がみられるが、B市もそうなっている。

　　そのほかにも業務端末を活用して評価のためのデータを抽出する方法がある。貸出が多い図書のリスト、いわゆるベストリーダーと貸出回数が0回の

人口 （人）		人口1人当たり				蔵書新鮮度 (b/a) × 100（%）		蔵書更新率 ((b+c) /a) × 100（%）		開架率 （%）	
		蔵書冊数（冊）		受入冊数（冊）							
	指数		指数		指数		指数		指数		指数
68,970	100.0	2.5	100.0	0.09	100.0	3.53	100.0	4.1	100.0	48.3	100.0
67,000	97.1	2.6	106.0	0.09	102.9	3.43	97.1	4.0	97.1	51.9	107.4
66,000	95.7	2.7	110.6	0.09	104.5	3.33	94.4	3.9	94.4	50.2	103.9
65,000	94.2	2.8	115.5	0.09	106.1	3.24	91.9	3.8	91.9	47.6	98.4
64,000	92.8	3.0	120.4	0.09	107.8	3.16	89.5	3.7	89.5	46.8	96.9

本のリストを作成するのである。山形県の上山市立図書館では、2023年2月3日から28日に興味深い企画をおこなっている。それは、前年1月から半年間に受け入れた図書を中心に、貸出回数が0回だった本を展示するというものだ。この「貸出0回の本」の企画の目的は、良書であるにもかかわらず書架のなかで埋もれている本を掘り起こし光を当てることである。評価結果を積極的な活用へとつなげた好例といえる。[29]

表8-4　B市立図書館のNDCの内訳（筆者作成）

分類		2019年度（冊）	構成比	2020年度（冊）	構成比	2021年度（冊）	構成比
一般図書	0 総記	11,740	7.8	12,100	7.8	12,210	7.7
	1 哲学	7,020	4.6	7,100	4.6	7,160	4.5
	2 歴史	14,960	9.9	15,160	9.8	15,270	9.7
	3 社会科学	23,930	15.8	24,390	15.7	24,740	15.7
	4 自然科学	9,230	6.1	9,500	6.1	9,780	6.2
	5 技術	12,440	8.2	12,800	8.3	13,180	8.3
	6 産業	5,110	3.4	5,250	3.4	5,360	3.4
	7 芸術	11,150	7.4	11,400	7.4	11,620	7.4
	8 言語	1,940	1.3	2,010	1.3	2,050	1.3
	9 文学	50,180	33.2	51,660	33.3	52,840	33.5
	参考図書	3,500	2.3	3,660	2.4	3,700	2.3
小計		151,200	100.0	155,030	100.0	157,910	100.0
児童図書	0 総記	780	1.7	810	1.7	830	1.7
	1 哲学	410	0.9	440	0.9	460	0.9
	2 歴史	1,760	3.8	1,830	3.8	1,870	3.8
	3 社会科学	1,700	3.7	1,790	3.7	1,850	3.8
	4 自然科学	3,120	6.8	3,270	6.8	3,360	6.9
	5 技術	1,220	2.6	1,270	2.7	1,300	2.7
	6 産業	810	1.8	840	1.8	870	1.8
	7 芸術	1,680	3.6	1,770	3.7	1,830	3.7
	8 言語	700	1.5	710	1.5	740	1.5
	9 文学	15,560	33.7	15,960	33.4	16,230	33.2
	絵本	17,420	37.7	18,080	37.8	18,510	37.8
	紙芝居	880	1.9	900	1.9	910	1.9
	参考図書	160	0.3	160	0.3	160	0.3
小計		46,200	100.0	47,830	100.0	48,920	100.0
一般図書・児童図書合計		197,400	-	202,860	-	206,830	-

2022年度（冊）		2023年度（冊）		増減率 （（2023年度 /2019年度） −1）×100（%）
	構成比		構成比	
11,940	7.9	11,990	8.0	2.1
6,810	4.5	6,410	4.3	− 8.7
14,830	9.8	14,960	10.0	0.0
21,440	14.2	20,580	13.7	− 14.0
8,730	5.8	8,380	5.6	− 9.2
11,710	7.7	11,110	7.4	− 10.7
4,750	3.1	4,700	3.1	− 8.0
11,540	7.6	11,520	7.7	3.3
1,950	1.3	1,900	1.3	− 2.1
53,840	35.6	54,990	36.7	9.6
3,580	2.4	3,460	2.3	− 1.1
151,120	100.0	150,000	100.0	− 0.8
850	1.7	870	1.7	11.5
480	1.0	490	1.0	19.5
1,910	3.8	1,950	3.8	10.8
1,920	3.9	1,980	3.9	16.5
3,450	6.9	3,530	6.9	13.1
1,370	2.7	1,370	2.7	12.3
890	1.8	930	1.8	14.8
1,880	3.8	1,900	3.7	13.1
750	1.5	760	1.5	8.6
16,590	33.3	16,930	33.1	8.8
18,700	37.5	19,350	37.8	11.1
920	1.8	920	1.8	4.5
160	0.3	160	0.3	0.0
49,870	100.0	51,140	100.0	10.7
200,990	-	201,140	-	1.9

注

(1) 「資料選択」、前掲『図書館情報学用語辞典 第5版』

(2) 「蔵書」、同書

(3) 「蔵書構成」、同書

(4) 「コレクション」、同書

(5) 「特殊コレクション」、同書

(6) 柴裕之編著『徳川家康』(シリーズ・織豊大名の研究)、戎光祥出版、2022年

(7) 柴裕之『青年家康——松平元康の実像』(角川選書)、KADOKAWA、2022年

(8) 柴裕之『徳川家康——境界の領主から天下人へ』(中世から近世へ)、平凡社、2017年

(9) 二村健シリーズ監修『図書館情報資源概論』(「ベーシック司書講座・図書館の基礎と展望」第8巻)、学文社、2016年、107ページ

(10) 河井弘志『アメリカにおける図書選択論の学説史的研究』日本図書館協会、1987年

(11) 河井弘志『図書選択論の視界』日本図書館協会、2009年

(12) 渡辺徳太郎「図書選択の標準」、日本図書館協会図書館雑誌編集委員会編「図書館雑誌」1912年3月号、日本図書館協会

(13) 安井一徳『図書館は本をどう選ぶか』(図書館の現場)、勁草書房、2006年、25ページ

(14) 宮沢厚雄『図書館情報資源概論 新訂第4版』理想社、2018年、221—223ページ

(15) 前川恒雄『われらの図書館』筑摩書房、1987年、91—92ページ

(16) 「収集方針」、前掲『図書館情報学用語辞典 第5版』

(17) 「資料選択基準」、同書

(18) 「図書館の自由に関する宣言」、同書

(19) 山家篤夫「船橋市西図書館の蔵書廃棄事件について(対応報告)」「日本図書館協会」(http://www.jla.or.jp/portals/0/html/jiyu/funabashi02.html)[2023年1月29日アクセス]

(20) 全国公共図書館協議会「2018年度(平成30年度)公立図書館における蔵書構成・管理に関する実態調査報告書」「東京都立図書館」2019年(https://www.library.metro.tokyo.lg.jp/uploads/10zentai.pdf)[2023年1月29日アクセス]

(21) 「小平市立図書館資料収集方針」「小平市立図書館」(https://library.kodaira.ed.jp/lib/files/libimg1543892899.pdf)[2023年1月29日アクセス]

(22) 「蔵書評価」、前掲『図書館情報学用語辞典 第5版』

(23) 「観察法」、同書

(24) 「チェックリスト法」、同書

(25) 「利用可能性」、同書

(26) 「蔵書統計」、同書

(27) 「蔵書新鮮度」、同書

(28) 「蔵書更新率」、同書

(29) 「読まなきゃもったいない 上山市立図書館、「貸出0回の本」企画展」「朝日新聞」2023年2月4日付

第9回

コレクション形成の方法

選択ツールの利用

1　印刷媒体とインターネット情報源

　コレクションを形成するための情報源には、印刷媒体とインターネット上の情報がある。印刷媒体としては、TRC の「週刊新刊全点案内」、日販の「ウィークリー出版情報」（日販図書館サービス、1982年―）、新聞・雑誌の広告や書評のほか、新潮社「波」（1967年―）、岩波書店「図書」（1936年―）、東京大学出版会「UP」（1972年―）などの出版社の PR 誌が挙げられる。インターネット上の情報源としては、「Amazon」やトーハンの「e-hon」、「紀伊國屋書店ウェブストア」や「honto」などがある。

2　新聞書評

　新聞各紙に掲載されている新刊書籍の書評は、コレクションの情報源としてどのくらい参考にされているのだろうか。筆者は、2019年4月から20年3月までの期間に「朝日新聞」「毎日新聞」「読売新聞」「産経新聞」「日本経済新聞」「中日新聞」「東京新聞」に掲載された書評を対象に調査をおこなった。ある本が新聞書評欄に掲載されてから1カ月の間にその本がどれほど公立図書館から TRC に発注されたかを分析した結果、対象になった4,198タイトルのうち発注がなかったのは263タイトル（6.3%）とわずかだった。残りの3,935タイトル（93.7%）は1冊以上の発注があったことから、定期的な選書ではいったん購入を見送った図書館が、書評が掲載されたことによって追加で購入したものと考えられる。(1) この結果からも新聞の書評はコレクショ

ンの情報源として参考にされているといえるだろう。

第2章

図書の選定

1　言葉の定義

見計らい方式

『図書館情報学用語辞典 第5版』では、見計らい方式を次のように定義している。

> 出版情報などをチェックしてから発注するという手間を省くため、収書方針などに照らして、あらかじめ書店に一定の範囲を示し、納品された資料をチェックして採否を決定する資料購入方法。書店側は、その図書館の収集方針や資料の範囲、内容の程度などをよく理解する必要がある。書店が一次選択をすることになるので、受入担当者は、出版情報の内容をよく把握し、漏れのないように留意することが求められる。[2]

2　直接選書

　選書の方法には直接選書と間接選書がある。直接選書は現物選書ともいい、実際の図書を見て選ぶやり方である。これにはいくつかのパターンがあり、書店が図書館に図書を持ち込む見計らい、出版社が図書館に図書を持ってくる売り込み、TRC や日販などが会場を設けて図書館員が出向く展示会、図書館員が書店に出向く店頭買い、などがある。

　図9-1は書店から図書館に持ち込まれた見計らい本とそのリストである。直接選書のメリットは、現物を手に取ることができることと、すでにその本が手元にあるのですぐに納品されることである。その一方で、網羅性がないために購入すべき図書が漏れている場合があるというデメリットもある。また、購入を見送ったものは返品するため、その配送コストの負担が問題になる。契約業者は図書館に定期的に見計らい本を送るが、図書館が購入を見送って返品する分の送料は契約業者が負担することが多いので、返品を減らす

図9-1　見計らい本（筆者撮影）

ために図書館が買いそうな図書ばかり選んで送るようになる。そのせいで小説などのいわゆる読み物ばかりに偏る傾向があるので、選書担当者は見計らい本のほかに図書館に必要な図書が漏れていないかをチェックする必要がある。

3　間接選書

　間接選書とは、図書の現物を手に取ることなく、TRC の「週刊新刊全点案内」や日販の「ウィークリー出版情報」などの出版物リストから図書を選択する方法で、カタログ選書ともいう。メリットとしては、網羅的であることと、リストを職員間で回覧することができるため、時間や場所の制約が少ないことが挙げられる。デメリットとしては、現物がないので形態的特徴が把握しにくいこと、実際に納品できるかどうかが不確定な場合があること、リストを回覧することで図書館員同士の間で忖度がはたらくことなどが挙げられる。

表9-1　一般図書の選書の際に重視する点（筆者作成）

番号	観点	質問項目	1.全く重視しない	2.あまり重視しない
1	内的	著者の評判、経歴、専門、ほかの著作の有無	6	41
			0.7	5.1
2		出版社がどのような本をこれまで出版したのか、社会的な評価	13	98
			1.6	12.2
3		増補版・改訂版の増補量、修正量	19	123
			2.4	15.3
4		図書の主題がタイムリーなものであるか	1	17
			0.1	2.1
5		入門書、概説書、実務・実用書、学術書など、それぞれの特性	2	16
			0.2	2.0
6		どのような用途に適しているのか	2	10
			0.2	1.2
7		索引、参考文献などの有無	32	188
			4.0	23.4
8		レイアウトや図版数など	22	124
			2.7	15.4
9		書名が内容を適切に表現しているか	15	118
			1.9	14.7
10		内容と表現に見合った大きさか	18	173
			2.2	21.5
11		表紙のデザイン	26	170
			3.2	21.1
12		丈夫な製本であるか	8	86
			1.0	10.7
13	外的	価格は妥当か	1	25
			0.1	3.1
14		所蔵する類書の利用状況	2	3
			0.2	0.4
15		その主題に利用者から要望はあるのか	0	0
			0.0	0.0
16		蔵書構成のバランスや蔵書更新	1	5
			0.1	0.6

3.どちらともいえない	4.やや重視する	5.非常に重視する	無回答	合計	平均値	標準偏差	中央値	最頻値
137	474	144	3	805	3.9	0.8	4	4
17.0	58.9	17.9	0.4	100.0				
169	439	82	4	805	3.6	0.9	4	4
21.0	54.5	10.2	0.5	100.0				
206	366	87	4	805	3.5	1.0	4	4
25.6	45.5	10.8	0.5	100.0				
98	505	181	3	805	4.1	0.7	4	4
12.2	62.7	22.5	0.4	100.0				
86	485	211	5	805	4.1	0.7	4	4
10.7	60.2	26.2	0.6	100.0				
110	478	202	3	805	4.1	0.7	4	4
13.7	59.4	25.1	0.4	100.0				
304	223	53	5	805	3.1	1.0	3	3
37.8	27.7	6.6	0.6	100.0				
325	290	39	5	805	3.3	0.9	3	3
40.4	36.0	4.8	0.6	100.0				
325	298	45	4	805	3.3	0.9	3	3
40.4	37.0	5.6	0.5	100.0				
308	275	28	3	805	3.2	0.9	3	3
38.3	34.2	3.5	0.4	100.0				
317	264	20	8	805	3.1	0.9	3	3
39.4	32.8	2.5	1.0	100.0				
245	397	63	6	805	3.5	0.8	4	4
30.4	49.3	7.8	0.7	100.0				
104	460	211	4	805	4.1	0.7	4	4
12.9	57.1	26.2	0.5	100.0				
35	430	332	3	805	4.4	0.6	4	4
4.3	53.4	41.2	0.4	100.0				
43	421	337	4	805	4.4	0.6	4	4
5.3	52.3	41.9	0.5	100.0				
41	436	320	2	805	4.3	0.6	4	4
5.1	54.2	39.8	0.2	100.0				

4　公立図書館による一般図書の選書の傾向

　公立図書館は、選書の際にどのような観点で一般図書を評価しているのだろうか。以下は2022年に筆者がおこなった質問紙調査の結果である。⁽³⁾

対象館数：中央館または中心館1,397館
質問紙配布期間：2022年1月12日から13日
回答期限：2月13日
回答方法：Microsoft Forms によるウェブ回答
質問数：最大38問
回答館数：805館（57.6%）

　回答があった図書館805館の主な選書方法は、直接選書（現物選書）が73館（9.1%）だったのに対し、間接選書（カタログ選書）が705館（87.6%）と圧倒的に多かった。質問項目38問のうち、選書の際に重視する点についての質問16問への回答をまとめたのが、表9-1である。「内的観点」は図書の内容面についての質問で12項目、「外的観点」は図書を取り巻く条件についての質問で4項目からなる。回答は5段階からの選択形式で、それぞれの項目について「1. 全く重視しない」「2. あまり重視しない」「3. どちらともいえない」「4. やや重視する」「5. 非常に重視する」のいずれかで回答してもらった。数字は各項目の上段が回答館数、下段がパーセンテージを示している。なお、質問項目によっては無回答が数館あった。「索引、参考文献などの有無」「レイアウトや図版数など」「書名が内容を適切に表現しているか」「内容と表現に見合った大きさか」「表紙のデザイン」という質問への回答は、どれも「3. どちらともいえない」が中央値と最頻値を示している。「索引、参考文献などの有無」と「表紙のデザイン」は重要度の平均値が3.1と最も低い。「1. 全く重視しない」の割合は、「索引、参考文献などの有無」が4.0%、「表紙のデザイン」が3.2%と高かった。書名、サイズ、表紙のデザイン、索引、参考文献などの有無、レイアウトや図版は、ほかの項目と比べると選書の際に重視されない傾向があると考えられる。

表9-2　選書会議の内容（筆者作成）

順位	選択肢	回答数
1	リクエストされた図書の購入の可否	344
2	新刊図書の購入の可否	339
3	既刊図書（補充）の購入の可否	285
4	予約件数が多い図書の複本購入の可否	222
5	相互貸借による借り受け頻度が高い資料の購入の可否	212
6	すでに受け入れた図書の取り扱いについて	196
7	新聞書評に掲載された図書の購入の可否	191
8	芥川賞・直木賞などの受賞作品に関する情報共有	188
9	図書の移管について	100
10	出版社や作家などからの声明についての対応	99
11	選書会議出席者への新刊図書の紹介	32
12	その他	28

5　公立図書館での一般図書の選書会議

　図書館では選書は基本的に会議を開いて決定する。しかし、公立図書館では この選書会議をおこなわないことも多い。公立図書館での選書会議の実態について筆者は2022年に質問紙調査をおこなった[4]。回答があった805館のうち選書会議を実施していたのは382館（47.5%）で、423館（52.5%）は実施していなかった。選書会議をしていないと回答した図書館には、どのようにして図書購入の可否を決めているのかについて尋ねた。回答は選択式で該当する答えをすべて選択してもらったところ、「リスト、カタログなどは選書担当者以外も回覧しながらも、最終的な調整決定は選書担当者がおこなう」が270館（63.8%）と最も多かった。選書会議をしない図書館にその理由を質問すると、「会議をおこなうための時間がない」が239館（56.5%）と最も多く、「会議をおこなうことで日常業務などが人手不足になる」が231館（54.6%）と続いた（複数回答）。

　一方、選書会議を実施している382館に会議の内容について質問した結果をまとめたのが、表9-2だ。最も多かった回答は「リクエストされた図書の購入の可否」（344館）で、次に多かったのが「新刊図書の購入の可否」（339館）だった（複数回答）。

選書会議を実施している図書館には、会議の開催曜日についても質問した。特定の曜日よりも「その他」と回答したところが多く、その内訳は「随時」「不定期」などで、選書会議を開いている館でも定期的におこなっているわけではないという実態がうかがえた。選書会議を定期的に実施している館で最も多い曜日が「木曜日」の83館、次が「水曜日」の67館だった。選書会議の平均出席者数は、「6人以上」が138館（36.1％）と最も多く、次が「3人」の82館（21.5％）だった。また、会議に参加するメンバーは「管理職や責任者ではない正規職員」が258館（67.5％）と最も多く、次が「会計年度任用職員、委託・派遣・指定管理者職員など」の240館（62.8％）で、図書館長が参加するところも109館（28.5％）あった。参加者のなかの選書担当者の平均選書担当年数は、「10年以上」が128館（33.5％）と最も多く、次が「6年以上10年未満」の120館（31.4％）と、経験年数が長い傾向がみられる。1回の選書会議の平均時間は、最も多いのが「1時間」の187館（49.0％）で、次が「2時間」の108館（28.3％）だった。

第3章
図書の入手方法

1　公立図書館の図書購入

　図書の入手までには、選定、購入、支払いという段階を踏む。一般図書や児童図書の選定には、前述のように選書会議を開いたり、カタログを利用した間接選書をおこなったりする。または契約業者からの見計らい図書を購入担当者らの協議によって選書する。その際に考慮すべきなのは、図書館の利用状況、将来的な書架の更新、図書の汚破損・所在不明などによる買い替えといったことである。そのうえで所定の金額の範囲内で新刊書を選書し、契約業者に発注する。予約（リクエスト）資料も所定の基準に従って選書して購入し、購入の可否を予約担当者に伝える。館長判断で購入しないと決定した図書は、リクエストした利用者に連絡するとともに、同一資料のリクエストがあった場合に同じ対応ができるように職員の間で情報を共有する。
　図書の発注はそれぞれの図書館のマニュアルに従っておこなう。発注リストを作成してマニュアルに沿って確認し、二重発注などがあればすぐに契約

業者に取り消しの連絡をする。業者が指定した時期までに請求記号などの指定・変更などをおこなう。その後、発注リストなどで発注状況を把握し、年間購入予定金額を適正に使えるように心がける。納品後に図書の購入内訳書を作成し、月末に契約業者に対する支出事務をおこなう。

　公立図書館が図書を購入する際の割引率や装備の有無、購入先などを把握するために、安形輝らがおこなった調査がある。この調査は全国の公立図書館の本館と中央館1,365館を対象に、質問紙形式で実施された。その結果によると、割引をせずに装備が施された状態で図書が納品されている図書館の割合が41.9％と最も高く、次に多いのが割引も装備もない図書館の22.9％だった。関東地方では半分の図書館が割引購入をしているのに対して、北海道・東北地方では80％の図書館で定価購入をしていて、蔵書規模が大きくなるほど定価購入の割合が減少している。また、蔵書規模が大きくなるほど割引率を公開しない割合が高い傾向がみられる。購入先では、自治体内の書店ないし書店組合経由で購入している図書館が78.7％と最も多かった。[5]

2　寄贈

　日常のカウンター業務のなかで来館者から資料の寄贈についての申し出を受けることがある。引っ越しのシーズンに特に増えるのが、来館者が「これを図書館に寄付したい」と本が詰まった段ボール箱を抱えてくるようなケースだ。たいていの図書館は、来館者から寄贈の申し出を受けた場合は以下の7点について説明し、了解が得られれば図書を受け取る。

①図書館情報資源として受け入れるかどうかは、図書館の判断に委ねる。
②原則として郵送または持参した場合だけ受け付ける。
③図書館情報資源として必要と見込まれ、全集や貴重本で運搬が困難なものは職員が訪問して現物を調査する。受け入れるときは、必要に応じて職員が運搬する。
④自治体内在住者の著作物は選書基準に反しないかぎり原則として受け入れる。
⑤映像資料については、著作権保有者以外からの寄贈は受け付けられない。
⑥市販の DVD やビデオテープなど、著作権法上、図書館で貸出できないも

のは、事情を説明したうえで断る。

⑦新聞・雑誌などは図書館への継続的な寄贈が可能か確認し、資料収集方針に基づき、受付の可否を検討する。ただしバックナンバーの場合、欠巻補充に利用できるときは、寄贈を受け付ける。

　トラブルになるのは①をめぐってのことが多い。「せっかく寄付するのに図書館で受入可否を決めるとは何様のつもりなんだ」と言われることもある。

　寄贈を受け付ける際は、寄贈申出書などの書類に記入してもらったうえでおこなったほうが、あとでトラブルが起こるのを避けられる。受付後は、図書館から寄贈を依頼した場合にはお礼状を送る。出版社や公的機関が一方的に図書館に送り付けてきた場合には、お礼状は発行しない。

　寄贈図書の受入の可否は、資料収集方針に基づいて判断する。受け入れない場合は、リサイクル資料として転用するが、傷みがひどいなどリサイクルにも適さない場合には廃棄する。

3　特殊コレクション寄贈受入後の廃棄トラブルの事例

　資料を収容するスペースは限られているので、とりわけ特殊コレクションの寄贈を受け入れるかどうかについては、組織として丁寧に検討して可否を決める必要がある。申し出を受け付けたときの担当者が異動などで不在になっても問題にならないように、確実に記録しておかなければならない。公立図書館で特殊コレクションの寄贈受入後に廃棄してトラブルになった事例として、新聞で取り上げられネットでも話題になった例が2つある。

　1件目は、石川県の穴水町立図書館である。この図書館は、輪島漆芸美術館長の四柳嘉章から、2005年以降に2,179冊の寄贈を受けた。しかし、図書館の蔵書整理の際、担当者が寄贈本の価値をよく理解しないまま、利用が少ないという理由でそれを廃棄してしまった。その後、四柳が寄贈書が図書館にないことに気づき、問題が発覚した。穴水町は四柳に謝罪するとともに、町広報におわびを掲載した。「読売新聞」によると、07年3月の能登半島地震で蔵書を倉庫や仮図書館に移した際に、手狭だったことから当時の職員が蔵書の大半にあたる1,878冊を軽率に廃棄してしまったのだという。廃棄さ

れた本のなかには『夏目漱石全集』の初版本や漆器考古学の調査報告書など現在は入手困難なものもあり、四柳は「善意が裏切られ悲しい。地域の核となる図書館がその機能を果たせなかったことはやるせなく、妻に申し訳が立たない」と話したという。

2件目は、京都府京都市への寄贈本をめぐるトラブルである。フランス文学者で京都大学名誉教授の桑原武夫が1988年に亡くなった際、遺族は京都市に蔵書約1万冊を寄贈していた。ところが、図書館が2015年にこれを無断で廃棄していたことが明らかになり、17年に市教育委員会が発表して新聞で大きく取り上げられた。「産経新聞」によると、無断廃棄に対して市民らから50件以上の苦情が殺到したという。蔵書は当初、京都市国際交流会館内に設けられた「桑原武夫記念室」に来訪者が手に取れる開架式で保管されていたが、右京中央図書館に記念室を移設した08年に、図書館の本との重複が多いという理由で蔵書は別の場所にある倉庫で保管することになった。その倉庫を改修する際に、当時の副館長が、蔵書の利用頻度が低いので目録があれば現物がなくても対応可能だと判断し、独断で廃棄を決めたということである。

4 移管受入

移管受入とは、ほかの図書館が所蔵していた資料を受け入れることである。例えば自治体内の別の図書館の資料を受け入れる場合や、ほかの自治体から除籍などで不要になった資料を受け入れる場合がある。手順としては、除籍実施館が公開する除籍候補資料リストのなかで各館に必要な資料があれば除籍実施館に連絡して受け入れを申し出る。移管対象になる資料は、以下の5点である。

①基本書、歴史的価値がある資料
②類書がない、または刊行頻度が低い資料で、再収集することが困難な資料
③地域資料
④所蔵館には類書が多数あるが、他館からは移管希望がある資料
⑤全集・叢書・シリーズ物の欠巻補充

第4章

評価

1　言葉の定義

ウィーディング（除架）

『図書館情報学用語辞典 第5版』では、ウィーディング（除架）を次のように定義している。

> 余分になった重複資料、ほとんど利用されなくなった資料、内容が古くなり新鮮度も落ちた不要資料を書架から選択すること。不要資料選択、除架ともいう。選択された資料は、保存書庫へ移管されたり、除籍の上廃棄されたりする。コレクションを利用者のニーズとのかかわりで組織的に点検するプロセスであり、資料の利用度、刊行年と分野、重要度、物理的状態などをもとにしたウィーディング方針によって、書架上の資料に直接目を通して作業が行われる[8]。

除籍

『図書館情報学用語辞典 第5版』では、除籍を次のように定義している。

> 図書館で、所在不明であったり、破損、汚損があったり、あるいは不要となった資料を原簿から削除すること。その図書館の物品管理規程に従った処理が行われる。除籍された資料に対しては、廃棄、寄贈、売却などの処理がとられる[9]。

2　除架と除籍の考え方

　コレクションの評価として実務レベルでよくおこなわれるのが、除架と除籍である。蔵書構築にあたっては、時間の経過によって内容が古くなった図書や、不要な複本、汚損・破損が激しい資料を書架から除く必要がある。蔵書には新陳代謝が必要であり、そのためには除架や除籍も大切だ。大まかなプロセスとしてはまず、開架の資料のなかから外すべきものを抜き取る（除

架)。次に閉架書庫があればそこに移す。そして最終的には除籍にする。除架は、利用されなくなったり時間の経過によって内容の価値が下がったりした資料が対象になるが、すぐに廃棄するわけではなく開架から閉架に移動するだけなので、その時点ではまだ図書館の蔵書のままである。除籍は、その図書館では不要と判断された資料が対象で、除籍された資料はもう蔵書ではなくなる。蔵書リストからもなくなるので、除籍というのである。

　図書館によっては除架・除籍をしたがらないこともある。その理由は、蔵書は多いほどいいという考えからだったり、書架から本を抜くのには人手と時間がかかるからだったり、本を捨てることに抵抗感があるからだったりとさまざまである。

　除架・除籍をおこなうために、除籍基準を設けている図書館もある。それでもやりにくいと感じられる場合には、次のような基準を設けてみることもできるだろう。まず、開架には、貸出可能な図書のほかに、貸出は少ないがそのジャンルの基本書、あるいはほかに類書がない図書を収める。それ以外の図書で、受入から10年以上たち、最終貸出年月日からも1年以上たつものを対象に、一定の貸出回数以下のものを業務端末を使って絞り出し、除架・除籍対象資料として選別する。ただし、貸出はされていないが館内閲覧はされているのではないかということや、類書の有無、県内のほかの図書館に所蔵があるのかどうか、その図書の受入時に除籍について何らかの条件はなかったのか、などを確かめたうえで検討する必要がある。

　具体例を示すと、Microsoft Word などのソフトウェアはバージョンが新しくなるとそのバージョンに対応したマニュアル本が出版される。2023年1月末時点では Word 2021が最新なので、13年に刊行された Word のマニュアル本はもう利用者が少ないと判断して、除架・除籍の対象にすることができる。法律関連書なども、古い情報を来館者が入手すると誤解が生じるため、法律の改正ごとに新しいものを購入し、古いものを除架・除籍する。

注

（1）吉井潤「公立図書館における新聞書評欄掲載図書の購入状況」、「三田図書館・情報学会研究大会発表論文集 2020年度」三田図書館・情報学会、2020年、45―48ページ
（2）「見計らい方式」、前掲『図書館情報学用語辞典 第5版』

(3) 前掲「公立図書館の選書における一般図書の評価」

(4) 吉井潤「公立図書館における一般図書の選書会議の実態」、日本図書館情報学会研究大会事務局編「日本図書館情報学会研究大会発表論文集」第70号、日本図書館情報学会、2022年

(5) 安形輝／池内淳／大谷康晴／大場博幸「公立図書館における図書購入の実態」、日本図書館情報学会研究大会事務局編「日本図書館情報学会研究大会発表論文集」第64号、日本図書館情報学会、2016年

(6) 「町立図書館 1878冊誤廃棄 穴水 寄贈の美術館長に謝罪＝石川」「読売新聞」2016年9月7日付

(7) 「広角＝桑原武夫氏の蔵書廃棄 背景に図書館への寄贈本問題」「産経新聞」2017年6月5日付

(8) 「ウィーディング」、前掲『図書館情報学用語辞典 第5版』

(9) 「除籍」、同書

第10回

各分野の情報資源とその特性①
——人文・社会科学

第1章
学問の概念

1　言葉の定義

学問

『精選版 日本国語大辞典』では、学問を次のように定義している。

> ①（―する）武芸などに対し、漢詩文、仏典、和歌など、広く学芸一般について学習し、体得すること。ものまなび。もと、男子のする漢学や仏典の学についていったが、のち、和歌、和文についてもいうようになった。
> ②（―する）先生についたり、また、書物を読むことなどによって学芸を身につけること。また、その習得した知識。学識。
> ③一定の原理に従って、体系的に組織化された知識や方法。哲学、文学、科学など。学(1)。

2　学問体系

　学問体系は固定されているわけではなく、研究が発展するにつれて変化している。例えば、アメリカでは図書館情報学は社会学のなかの一分野として扱われているが、日本ではそうではない。このように国によっても学問体系に違いがある。また、地理学は自然地理学、歴史地理学、経済地理学というように細分化されている。その一方で、学際的・総合的な広がりをもつ学問分野もあり、図書館情報学も図書館のことだけではなく、さまざまな分野と

も関連している。

　本書の読者は、司書資格課程の授業のレポートやテスト勉強のために、図書館の「0 総記」の書架を訪れることがあるだろう。総記は、どの学問分野にも収まらないが、どの分野とも関連する総合的な分野、あるいは学際的な分野を示している。

3　総記の特性

　図書館では図書を主に NDC ごとに分類している。総記は、NDC では「0 総記」に該当する。以下に『日本十進分類法 新訂10版』の「本表・補助表編」の各類概説の一部を引用する。

> 0類
> 　この類は総記（General works）として、1類から9類の主題を包括する総合的な著作を収めるとともに、併せてそれらの資料・情報の形式を扱う。
> 　まず〈知識の宇宙〉全体にかかわる知識、学問一般（002）および情報学（007）が配置される。次いで1類から9類に列挙されなかった学術・研究分野を収める。[2]

4　総記の情報資源

　情報資源にはさまざまな種類があり、その量は膨大である。そのなかから目的に合った情報資源を見つけ出すために便利なのが目録や資料集といった情報源である。総記には多くの情報資源があるが、本シリーズ続刊の『事例で学ぶ情報サービス論』や『事例で学ぶ情報サービス演習』と重複しないように、ここでは一例として図書だけを以下に紹介する。書名、編者（監修者）名、出版者、分類、出版年、図書の概要の順に示す。

書名：『図書館・読書・出版レファレンスブック』
編者：日外アソシエーツ
出版者：日外アソシエーツ

分類：010.31

出版年：2014年

概要：1990年から2013年に日本国内で刊行された、図書館（博物館・文学館・公文書館など類縁機関を含む）、読書および出版に関する参考図書の目録。書誌、事典、索引、年表、年報、名簿など1,693点を収録。

書名：『便覧図鑑年表全情報 2010-2019』

編者：日外アソシエーツ

出版者：日外アソシエーツ

分類：028

出版年：2020年

概要：2010年8月から19年までに日本国内で刊行された便覧、図鑑、地図、年表などの参考図書1万4,118点をNDC分類順・タイプ別に収録。巻末に便利な「書名索引」「事項名索引」が付いている。

書名：『参考図書解説目録 2017-2019』

編者：日外アソシエーツ

出版者：日外アソシエーツ

分類：028

出版年：2020年

概要：2017年から19年に刊行された参考図書9,555冊を一覧できる図書目録。選書の際に役立つよう、すべての図書に内容解説や目次情報を付す。NDCに沿った分類と形式別排列で、目的の図書を素早く探し出せる。

第2章
人文科学

1 言葉の定義

人文科学

『精選版 日本国語大辞典』では、人文科学を次のように定義している。

人間の歴史と文化に関する学問の総称。科学を二大別した場合の、自然科学に対する一方の分野をいう。政治、経済、社会、歴史、文芸、言語などを含む。狭義には、社会科学に対する文化科学の意。歴史、文芸、言語など。じんもんかがく。⁽³⁾

2　人文科学の特性

　人文科学は、言葉の定義にあるように人間の歴史と文化に関わる学問全体を網羅する。NDC のなかでいえば、主に、「1 哲学」「2 歴史」「7 芸術」「8 言語」「9 文学」が人文科学に該当する。以下に『日本十進分類法 新訂10版』の「本表・補助表編」の各類概説の一部を引用する。⁽⁴⁾

　　1類
　　　この類には、人間の精神界にかかわる著作を収める。哲学系諸領域（哲学（100／139）、心理学（140／149）、倫理学（150／159））と宗教（160／199）に大別される。
　　2類
　　　この類には、過去から現在に及ぶ人間生活における事象の時間的過程と地域的展開の記述にかかわる著作を収める。大別して、歴史（200／279）、伝記（280／289）、地理（290／299）に分けられる。
　　7類
　　　この類は、芸術（700／779）、スポーツ。^{（ママ）}体育（780／789）および諸芸。^{（ママ）}娯楽（790／799）の3群で構成されている。
　　8類
　　　この類には、言語に関する著作を収める。類全体を通じてまず言語によって区分し、さらに8類の固有補助表である言語共通区分（言語学のトピックスを列挙した共通主題区分）を適用して細分する。
　　9類
　　　この類には、文学に関する著作と文学作品の双方を収める。類全体を通じてまず言語によって区分（一般補助表の言語区分）し、次いで文学形式（9類の固有補助表である文学共通部分）によって細分する。

3　人文科学の情報資源

　人文科学には多くの情報資源があるが、ここでは一例として図書だけを以下に紹介する。書名、編者（監修者）名、出版者、分類、出版年、図書の概要の順に示す。

1 哲学

書名：『思想哲学書総覧2011-2021──Ⅰ　思想・哲学・倫理』

編者：日外アソシエーツ

出版者：日外アソシエーツ

分類：103.1

出版年：2022年

概要：2011年から21年までに刊行された思想・哲学に関する図書のうち、哲学概論、哲学各論、哲学史、倫理、道徳についての図書1万799点を収録。

書名：『心理学紀要論文総覧』

編者：日外アソシエーツ

出版者：日外アソシエーツ

分類：140.31

出版年：2008年

概要：日本国内で刊行された心理学に関する大学紀要の内容細目集。創刊号から2007年刊行までを対象とし、93大学の175誌・1,918冊、論文1万7,895点の紀要を収録。

2 歴史

書名：『歴史・考古レファレンスブック』

編者：日外アソシエーツ

出版者：日外アソシエーツ

分類：203.1

出版年：2014年

概要：1990年から2013年までに日本国内で発売された歴史・考古学に関す

る参考図書2,283点を収録。

7 芸術

書名：『日本美術年鑑 2020 令和2年版』
編者：東京文化財研究所
出版者：中央公論美術出版
分類：702.1
出版年：2022年
概要：2019年1月から12月における美術界のできごとを、年史・展覧会・文献目録・物故者の項目に分けて記載。

書名：『日本映画文献書誌―― 明治・大正期1（1876年 -1922年）』
編者：牧野守
出版者：雄松堂書店
分類：778.21
出版年：2003年
概要：「牧野コレクション」をもとにその他主要コレクションの実地調査をおこない、手書き原稿を整理したもの。

8 言語

書名：『英語学文献解題 第4巻―― 文法1』
監修者：寺澤芳雄
出版者：研究社
分類：830.31
出版年：2010年
概要：英文法研究の文献リストを可能なかぎり網羅的に記載。

9 文学

書名：『日本文学研究文献要覧 現代日本文学―― 2015〜2019』
監修者：勝又浩／梅澤亜由美
出版者：日外アソシエーツ
分類：910.31

出版年：2020年

概要：2015年から19年の5年間に日本国内で発表された、明治以降の日本文学に関する研究文献を収録した文献目録。

第3章

社会科学

1 言葉の定義

社会科学

『精選版 日本国語大辞典』では、社会科学を次のように定義している。

> 人間社会の諸現象を支配する法則を解明しようとする経験科学の総称。社会学、経済学、政治学、法学、教育学など。わが国では特にマルクス主義的立場に立つ社会研究をいう場合もある。[5]

2 社会科学の特性

社会科学は、人間社会で発生する現象を研究する学問であり、NDC では主に「3 社会科学」が該当する。以下に『日本十進分類法 新訂10版』の「本表・補助表編」の各類概説の一部を引用する。

> 3類
> この類には、人間の社会生活にかかわる諸現象を扱う著作を収める。社会のしくみ・制度の基本ともいうべき政治、法律、経済、財政をはじめ、統計、社会、教育、風俗習慣、国防の諸分野にわたっている。[6]

3 社会科学の情報資源

社会科学には多くの情報資源があるが、ここでは一例として図書だけを以下に紹介する。書名、編者（監修者）名、出版者、分類、出版年、図書の概要の順に示す。

書名：『政治・行政問題の本全情報 2002-2008』
編者：日外アソシエーツ
出版者：日外アソシエーツ
分類：310.31
出版年：2009年
概要：2002年から08年までに国内で刊行された、政治・行政問題に関する図書1万1,607冊をテーマ別に分類。

書名：『憲法改正最新文献目録』
編者：日外アソシエーツ
出版者：日外アソシエーツ
分類：323.14
出版年：2016年
概要：2006年から15年に日本国内で刊行された、日本国憲法に関する図書2,170点、雑誌記事・論文1万4,205点を集成した文献目録。

書名：『児童教育の本全情報 2006-2021』
編者：日外アソシエーツ
出版者：日外アソシエーツ
分類：370.31
出版年：2022年
概要：児童教育に関する図書を、家庭・学校・社会のテーマに区分した図書目録。2006年から21年までに日本国内で刊行された1万2,222点を収録。

注

(1) 「がく － もん【学問・学文】」、前掲『精選版 日本国語大辞典』
(2) 「本表・補助表編」3、もりきよし原編、日本図書館協会分類委員会改訂『日本十進分類法 新訂10版』所収、日本図書館協会、2014年、35ページ
(3) 「じんぶん － かがく ［‥クヮガク］【人文科学】」、前掲『精選版 日本国語大辞典』
(4) 前掲「本表・補助表編」36―43ページ
(5) 「しゃかい － かがく ［‥クヮガク］【社会科学】」、前掲『精選版 日本国語大辞典』

（6）前掲「本表・補助表編」38ページ

第11回

各分野の情報資源とその特性②
——科学技術、生活

科学技術分野と生活分野

1 言葉の定義

科学技術

『日本大百科全書 (ニッポニカ)』では、科学技術を次のように定義している。

> 科学 science と技術 technology は別のものとして伝統的にはっきり区別
> されていた。しかし、第二次世界大戦後、その間の区別がしだいにつけ
> にくくなり、日本語でも初めは「科学・技術」とされていたが、1956
> 年 (昭和31) の旧科学技術庁の設立に象徴されるように、そのころから
> 「科学技術」というようになった。中国語では「科技」と略称されるこ
> ともある。英語ではしばしば略称されて S&T といわれ、それを複数よ
> りも単数として扱うようになった。[1]

2 科学技術分野と生活分野の特性

　第10回で主に人文・社会科学の分野について取り上げたことから、この
回では科学技術分野と生活分野について取り上げる。
　科学技術は NDC では、主に「4 自然科学」と「5 技術」が該当する。生
活分野は主に「5 技術」と「6 産業」が該当する。以下に『日本十進分類法
新訂10版』の「本表・補助表編」の各類概説の一部を引用する。

4類

　この類には、自然界に生ずる諸現象を扱う著作を収める。数・量および空間に関して研究する学問である数学は自然科学とは区別されるものであるが、数学は科学の原理解明の重要な方法であるところから、自然科学の諸部門の前に置く。

5類

　この類には、主として第二次産業の生産諸技術および第一次産業の採鉱技術と、それらにかかわる生産・流通経済に関する著作を収める（510／589）。またこの分野の範疇には入らない家政学．生活科学（590／599）も収めている。

6類

　この類には、第一次産業の農林水産業（610／669）および第三次産業の商業（670／678）、運輸（680／689）、通信（690／699）を収める。⁽²⁾

3　科学技術分野と生活分野の情報資源

　科学技術分野と生活分野には多くの情報資源があるが、ここでは一例として図書だけを以下に紹介する。書名、編者名、出版者、分類、出版年、図書の概要の順に示す。

書名：『科学への入門レファレンスブック』
編者名：日外アソシエーツ
出版者：日外アソシエーツ
分類：403.1
出版年：2017年
概要：科学に関する書誌、事典、辞典、ハンドブック、年鑑、図鑑など参考図書の目録。1990年から2016年10月までに日本国内で刊行された図書1,658点を収録。

書名：『地球・自然環境の本全情報 2004-2010』
編者名：日外アソシエーツ
出版者：日外アソシエーツ

分類：450.31

出版年：2011年

概要：2004年から10年に国内で刊行された地球・自然環境に関する図書1万91点をテーマ別に分類。

書名：『動植物・ペット・園芸レファレンスブック』

編者名：日外アソシエーツ

出版者：日外アソシエーツ

分類：460.31

出版年：2011年

概要：1990年から2010年に刊行された、動物・植物、ペット、園芸に関する事典、図鑑、ハンドブック、法令集、年鑑などの参考図書2,832点を収録。

注

(1)「科学技術」『日本大百科全書（ニッポニカ）』小学館、1994年
(2) 前掲「本表・補助表編」38—40ページ

第12回

資料の受入・除籍・保存・管理

日常業務

1　言葉の定義

装備

『図書館情報学用語辞典 第5版』では、装備を次のように定義している。

> 分類と目録作成の後、排架する前に図書館資料を利用可能な状態に準備する一連の作業。所蔵を表すために蔵書印、登録印などを押す。請求記号を示す図書ラベルの貼付、表紙の薄いペーパーバックや児童図書など利用頻度の高い図書を補強するフィルムの貼付、返却期限票やバーコードの貼付作業などがある。(1)

受入業務

『図書館情報学用語辞典 第5版』では、受入業務を次のように定義している。

> 図書館が資料を蔵書として受け入れる際の最初の作業で、重複調査、発注、支払、受入登録などに分かれる。有償（購入）、無償（寄贈、資料交換、編入受入など）、寄託などを通じて取得した資料を、購入金額、形態、利用頻度、更新期間などを基準に、固定資産（備品）と非資産（消耗品）備品の2種に区分し、備品扱いの資料は図書原簿に記載する。これは物品管理法や会計法規上必要となる。(2)

排架

『図書館情報学用語辞典 第5版』では、排架を次のように定義している。

> 個々の図書館資料を、請求記号などの所定の排列順序に基づいて、書架上に並べること。新規に受け入れた資料を書架に配置する場合、貸出などで返却された資料を書架に配置する場合のいずれにも用いる。資料が正当な位置に排架されることにより、その資料が利用可能となる。[(3)]

書架整理

『図書館情報学用語辞典 第5版』では、書架整理を次のように定義している。

> 図書館の開架式書架における排架の乱れを定期的に整理、整頓する作業。シェルフリーディングともいう。毎日行う場合には、開館時間前から行うことが多い。公共図書館では、月に1日休館して書架整理を行うのが一般的である。[(4)]

2　図書の装備と受入

　契約業者から図書館に図書が納品されると、図書館員は図書と伝票を照合し、落丁・乱丁などがないかチェックする。問題があった場合は返品するか状態がいいものと交換し、図書館の蔵書管理システム上では、その資料のステータスを示す欄は「発注」のままにしておく。受入後に問題が見つかった場合はステータスを「修理」にし、備考欄に詳しい事情を入力しておく。

　装備は原則として装備仕様書に基づいて契約業者がおこなうが、図書の状態によっては図書館員が装備をすることもある。図12-1は拙著『事例で学ぶ図書館サービス概論』が図書館資料として装備された状態の写真だ。①図書館名が入ったバーコードラベル、②背（請求記号）ラベル、③全体を保護するフィルムコーティング、④小口の蔵書印が施されている。背（請求記号）ラベルは、上段の番号が分類記号で、NDC によって本の内容がどの分野かを表している。下段が図書記号で、著者名もしくは書名の頭文字にする

図12-1　装備を施した図書（筆者撮影）

ことが多い。

　図書の納品後は業務マニュアルに従って、受入登録をする。業務端末で処理をして、予約確保されている図書は予約受け取り館に送るか、自館の予約棚に置く。予約確保されていない図書は新着図書コーナーなどの所定の書架に排架する。

3　雑誌の受入・登録・装備

　雑誌は、定期的に選書される図書とは違い、基本的には年1回、所定の時期に新規購入・変更の検討をする。所蔵雑誌の利用状況、分野の偏り、保存期間などを勘案して、次年度の購入雑誌を決めるのである。年度途中で休刊や廃刊になった場合は、同じ分野で年間購入金額が近い雑誌を候補として検討し、決定したら契約書店に依頼する。図書館の方針にもよるが、増刊号・臨時増刊号は原則として購入しない。

　図12-2のように契約業者から雑誌が納品されたら、図書館員は伝票と照合して確認し、表紙が汚れたり破れたりしていないかなど状態をチェックし、不備がある場合は契約業者に連絡する。受け入れるべき雑誌が発売日に納品されない場合は、契約業者に問い合わせる。契約書店以外から納品され

図12-2　雑誌の納品（筆者撮影）

た雑誌（寄贈を含む）は、入荷確認をする。現在は減っているが、動画を含むCD-ROMやDVDなどの付属資料がある場合は、貸出の可否について出版社に問い合わせ、結果を書誌に登録し、貸し出せない付属資料は雑誌そのものを除籍するまで事務室に保管し、除籍のときに一緒に廃棄する。また、試供品や手帳といった個人が使用する目的で作られた付録も、貸し出さない。

　雑誌の装備は、図書館内で図書館員がすることが多い。バーコードラベルは、雑誌の背が左側にくるように置いたときに上になる面（裏表紙になることもある）の左下に貼付する。そこに雑誌の内容を表す重要な文言や図絵などが表示されている場合は、貼付位置を適宜ずらす。必要に応じて雑誌本体の補強処理も施す。来館者に切り取られることが多い雑誌は防止のため工夫する。

　装備がすんだら業務端末で雑誌の受入登録をして、最新号ではなくなった雑誌のコンピューター処理をする。予約確保されているバックナンバーの雑誌は予約棚に置き、予約確保されていない場合は所定の書架に排架する。

4　新聞などの受入・排架・保存

　朝刊または夕刊が配達されたら契約している各紙がそろっているかを確認し、未着・誤配があれば専売所に連絡する。また、図書館員は新聞休刊日を

図12-3　新聞の排架例（筆者撮影）

把握しておき、利用者に尋ねられたらすぐに回答できるようにしておくのが望ましい。図書館の状況によっては第二部紙面や折り込みの広告・広報なども閲覧できるようにする。当日の新聞は、ホチキス留めなどをしたうえで排架する。朝刊はこれからの処理を開館時までに終わらせておく。

　図12-3のように、新聞を決められた保存期間ごと（3カ月など）にまとめ、所定の場所に収納する。保存期間が過ぎた新聞は所定の方法でリサイクル処分する。

5　排架

　新しく購入した資料を書架に並べたり、来館者から返却された資料を書架に戻したりする作業を、排架という。背（請求記号）ラベルに書かれている請求記号などに従って、正確な場所に資料を並べていく。図書館によっては文庫本や参考図書などをほかの資料とは別の場所に置いていることがあるが、これを別置という。

　一般的な排架方法は、図12-4に示すように、背ラベルの請求記号の順に左から右に並べるやり方だ。図書館の書架は幅約100センチの棚が横にいくつか連なって構成されているため、この幅約100センチの棚を1単位として1

図12-4　書架の見方。矢印の方向に本を並べていく

連、2連と数える。この1連の左から右に並べきったら、同じ連の下の段に
移り、同様に左から右へ並べ、棚板の前面に本の背をそろえる。

6　書架整理

　書架整理は書架の乱れを正すために日常的におこなう大切な点検業務だ。
正しい場所に資料が並んでいないと、来館者にとっても図書館員にとって
も、目的の資料に辿り着くことが困難になる。朝の開館準備の際はもちろん
のこと、開館中にも随時おこなう必要がある。毎月の図書館休館日には来館
者がいないので、全図書館員で開架書架の整理をすることが多い。このとき
に、図書館によっては除籍対象資料を抽出したり、他館へ移管する資料を検
討したりもする。書架整理は、具体的には次のような作業をおこなう。

①背（請求記号）ラベルの請求記号順に並べる。
②本の背を書架の棚板の前面にそろえる。

③右端にある本が倒れないように状況に応じてブックエンドなどで支える。

④右端は最低でも握りこぶし1つ分空ける。

⑤書架がきつい場合は、前後の棚に本をずらして余裕を作る。

⑥しおりが本から出ている場合はなかに入れる。

⑦書架の奥に本が押し込まれていないか確認する。

⑧汚損や破損がある資料に書架から取り出して修理・補修する。

⑨データ上は存在するが現物がどこにあるのか見当たらない資料を捜索する。

7　修理・補修

　資料の返却時や、排架、書架整理の際に、汚損や破損が見つかった場合は、必要に応じて修理・補修をおこなう。利用が多く、破損が予測できる資料は、あらかじめ補強を施しておく。資料を修理する際には、修理作業中もその資料が図書館内のどこにあるのかがわかるように、業務端末で状態を「修理中」などにする。ページ破れなどの修理は専用の道具を用いる。市販のセロハンテープや接着剤などは接着部分が劣化し、かえって資料を傷めてしまうので使ってはいけない。例えば、貸出を受けていた利用者が、子どもが絵本を読んでいるときにページが破れたのでセロハンテープで貼ったと申し出ることがある。利用者はよかれと思ってしたことだが、その場合は、もし同じことが起きたら自宅で補修をしないでそのまま図書館に持ってきてほしいと優しく伝えなくてはいけない。

　資料の具体的な修理・補修方法については、次の3冊が参考になる。『図書館のための簡単な本の修理』(5)は、利用が多い児童書を想定した修理方法を紹介している。耐用年数は長くても3年くらいの図書が対象である。数十年の保存を見込んでいる貴重な資料は対象にしていないので注意が必要だ。『図書の修理とらの巻』(6)は、ゲリラ豪雨などによって図書が水濡れした際の対応も図解している。『図書の修理とらの巻 続』(7)は、図書修理に役立つ12種類の綴じ方を詳しく説明している。

　汚損・破損が激しい資料は除籍する。ただし、それが自治体内で最後の1冊で、地域資料や特別な資料だという場合は、そのまま保存することもある。地域資料や絶版で代替資料が入手不可能な資料の場合には、専門の業者

に外注して製本しなおすこともある。

8　除籍後のリサイクルと廃棄

　除籍が決定した図書・雑誌のなかでリサイクルが可能なものには、「廃棄」判を押し、バーコードラベルの上にリサイクルシールを貼付する。多くの図書館では定期的に来館者に無料で除籍本を提供している。図書館祭りなどのイベント時にも同様の無料提供をしていて、図書のリサイクルに役立てている。だが、図書をほしがる人が集まりすぎてバーゲンセール会場のようになったり、図書・雑誌の取り合いでけんかになり警察を呼ぶほどの騒ぎになったりすることもある。図書館によっては、こうしたトラブルを避けるために整理券を配布したり、来館者が持ち帰ることができる冊数を制限したりしている。

　映像資料は著作権譲渡不能なのでリサイクルできないため、不燃ゴミとして廃棄する。保存期間を過ぎた新聞も資源ゴミとして廃棄する。

9　展示

『事例で学ぶ図書館サービス概論』の第6回「集会活動」の第2章「集会活動の具体例」では、集会活動の一環としての展示会について取り上げているが、図書館によってはそれ以外に日常的な展示もおこなっている。図12-5は、東京都江戸川区立篠崎図書館の図書館員が開設しているブログで、同図書館での展示を紹介している。ここからわかるように、篠崎図書館では大特集展示のほかにさまざまなテーマのミニ特集展示も実施している。展示は、来館者に対して図書館情報資源への関心と理解を促す効果がある。

　展示の実態については田中麻巳の調査がある。4年制大学の図書館1,391館を対象にしたもので、調査票を送付して実施した（回答館数832、回収率59.8％）。調査の結果、展示は重要であると回答したのが832館のうち489館（58.8％）と半数以上にのぼった。展示を実施していると回答した図書館557館と、調査を実施した2011年度に限って震災の影響で展示を実施できなかった2館、さらに展示実施の有無についての質問にだけ回答の不備があった11館を加えた合計570館の展示実施の目的は、「特定の主題やテーマに関心

図12-5　江戸川区立篠崎図書館「BLOG しのざき記」
（出典：「BLOG しのざき記」「江戸川区立篠崎図書館」〔https://www.shinozaki-bunkaplaza.
com/library/blog/?c=21〕〔2023年2月23日アクセス〕）

を持ってもらうため」412館（72.3％）、「普段触れ合う機会のない資料を見
てもらうため」388館（68.1％）、「読書をしようという気持ちを喚起させる
ため」375館（65.8％）という回答が多かった⁽⁸⁾（複数回答）。

　安光裕子は、大学図書館での展示を学生がどのように受け止めたのか、展
示の趣旨・目的がどの程度実現したのかについて調査し、展示に対する学生
の感想文をテキストマイニングの手法で分析している。それによると、これ
まで関心の対象ではなかった本に興味をもったり、展示で紹介された本を積
極的に読んでみようという意欲が湧いたりした学生がいることが明らかにな
った。また、推薦図書を展示するにあたって推薦者の顔写真入りのコメント
ボードを掲示するなどの工夫をすることで、学生が展示図書に興味をもつ効
果があったこともわかった⁽⁹⁾。

日常業務以外の仕事

1 言葉の定義

蔵書点検

『図書館情報学用語辞典 第5版』では、蔵書点検を次のように定義している。

> 蔵書全体を書架目録と照合し、蔵書の現状や紛失資料の有無を調査すること。通常、この作業を通じ、破損資料の発見、排架場所の誤りの発見、請求記号の誤記訂正など、副次的な効果が得られる。不明資料については、点検記録を作成し、以後定期的に追跡調査をする。蔵書点検の時期として、1年に1度利用者が最も少ないときを選び実施するのが一般的である。⁽¹⁰⁾

2 蔵書点検

蔵書点検は、図書館によっては特別図書整理、または曝書ということもある。頻度としては1年に1回のことが多いが、数日間図書館を休館にして実施するため、市民に迷惑をかけないように遅くても1カ月前までには自治体広報誌や図書館ウェブサイトなどで周知を図る。図12-6のように、ハンディーターミナルを使って資料についているバーコードを1点ずつ読み取っていくことで、データ上はあることになっているが実際にはなくなっている資料（紛失資料）が確認できる。

3 新館建設や新図書館移転に伴う排架計画

筆者は、図書館の移転に伴う図書の排架計画をこれまでに4度作成したことがある。新図書館の書架レイアウトを踏まえ、収蔵可能冊数に対応したNDC別排架ゾーニングを設定し、開館時の排架計画を作り上げた。これは新しく移転する図書館の書架に図書や雑誌、視聴覚資料などがどれだけ入る

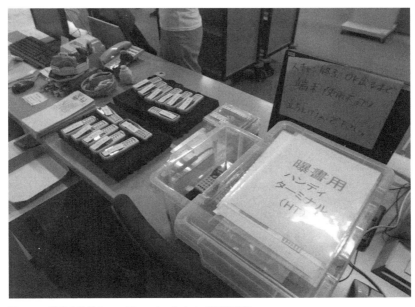

図12-6　蔵書点検用のハンディーターミナル（筆者撮影）

のかをシミュレーションしたものである。シミュレーションのためには蔵書
冊数などのデータが必要になるわけだが、その収集の手順は次のようなもの
だった。

　最初に、NDC ごとに移転する図書数と新たに購入する図書数を知り、排
架を考えている棚に入るか、入りきらないかを把握する。次に、図書を
NDC ごとに分類して1冊あたりのおおよその厚みを算出する。辞書と新書
では本の厚みが違うので、分類ごとに計算する必要があるのだ。本館と分
館、県立図書館と市立図書館では専門書などの所蔵冊数が違う。例えば「2
歴史」の書架は棚いっぱいに本が入っているが、分厚い本が多いため冊数自
体はそれほど多くない。このように厚みがある本が多くを占めるのか、そう
でないのかで収蔵可能冊数は違ってくる。したがって、排架シミュレーショ
ンの精度を上げるためには、書架にある本の背幅を計測して本の厚みをある
程度算出するといい。図12-7は、新書の背幅を計測している様子である。

　新図書館への円滑な移転のためには、元の図書館の開架の図書は新図書館
の開架に、閉架の図書は閉架に、という排架を基本にするといい。そのほう

図12-7　新書の背幅計測（筆者撮影）

が資料を梱包する際や新図書館で排架する際に作業がしやすい。また、シミュレーションの際には、来館者が資料を取りやすいようにということを意識して書架の最下段は使用しないようにすることや、書架1段あたりの資料の収容率を60％から80％程度にすることも検討したい。

注

（1）「装備」、前掲『図書館情報学用語辞典 第5版』
（2）「受入業務」、同書
（3）「排架」、同書
（4）「書架整理」、同書
（5）高岡容子原案・監修『図書館のための簡単な本の修理』少年写真新聞社、2019年
（6）書物の歴史と保存修復に関する研究会編、板倉正子監修、野呂聡子ストーリー・絵『図書の修理とらの巻』澪標、2017年
（7）書物の歴史と保存修復に関する研究会編、板倉正子監修『図書の修理とらの巻 続』澪標、2019年
（8）田中麻巳「大学図書館における展示の実態と図書館員の認識」、国公私立大学図書館

協力委員会大学図書館研究編集委員会編「大学図書館研究」第101号、学術文献普及会、2014年

（9）安光裕子「ある大学図書館の企画展示を学生はどう受け止めたか——テキストマイニングの手法を用いた学生のコメントの分析」「山口県立大学学術情報」第15号、山口県立大学学術情報編集委員会、2022年

（10）「蔵書点検」、前掲『図書館情報学用語辞典 第5版』

第13回

レコード、ボードゲーム、貴重資料などの取り扱い

第1章

東京都文京区立小石川図書館の事例

1　言葉の定義

レコード

『図書館情報学用語辞典 第5版』では、レコードを次のように定義している。

> 塩化ビニールの円板に細い音溝を渦状に刻んで、音声・音楽などの音をアナログ信号として記録したもの。レコードプレーヤーによって再生される。毎分33回転3分の1の速度で直径30cm の LP レコード、毎分45回転で直径17cm の EP レコード（ドーナツ盤）などがある[1]。

音楽資料

『図書館情報学用語辞典 第5版』では、音楽資料を次のように定義している。

> 音楽という主題分野に関する資料。音楽という主題について書かれた文献と音楽作品とに大別される。主題の領域としては、音楽史学から民俗音楽、ポピュラー音楽、さらに音楽と他分野との関連分野などが含まれる。資料の種類としては、図書、逐次刊行物、楽譜から、レコード、録音テープ、コンパクトディスクといった録音資料、ビデオテープ、ビデオディスクといった映像資料、および絵画、写真といった静止画資料などがある。また、楽器などの発音体を音楽資料の中に含む場合もある[2]。

図13-1　レコード室（提供：文京区立小石川図書館）

2　レコードの所蔵状況

　音楽を聴く手段は時代の変化に伴ってレコード、カセットテープ、CD、そしてデータをダウンロードしたスマートフォンなどの端末へと変化してきた。こうしてみるとレコードは過去のメディアのように思えるが、必ずしもそうではない。日本レコード協会によると、アナログレコードの売り上げは2010年に1.7億円まで落ち込んだが、20年には21.2億円と10倍以上に増えた。新譜数も42枚から316枚と7倍以上に上昇した。⁽³⁾確かにレコードは00年代以降に一時下火になったが、再びブームの兆しがみえる。それにもかかわらず、図書館では、再生機器の故障や利用が少ないことを理由にレコードの所蔵をやめているところがある。

　そのような状況のなかで、東京都文京区立小石川図書館では、レコードを1万9,684点所蔵している。図13-1は小石川図書館のレコード室である。図書やCDと同じように貸出もしているほか、プレーヤーを持っていない人でもレコードが聴けるように、館内に試聴機とヘッドホンを置いている。

　ただし、現在は新たにレコードの購入はしていない。文京区立図書館が過去に収集したレコードを小石川図書館が一元管理している状況だ。寄贈の受

入については検討中である。分類は、クラシック（交響曲、管弦楽曲など）、ポピュラー（ブルース、ジャズ、ロック、映画音楽など）、その他（邦楽、日本民謡、児童向け音楽など）、音楽以外（演芸、演劇など）になっている。さらに、レコードの保存のために、紫外線をカットするフィルムを窓ガラスに貼付している。

　レコードの利活用促進の取り組みとしては、主に以下の3つのことを実施している。

・週3回、「図書館のレコードの時間」としてレコード室でスタッフおすすめのレコードを流している。
・レコードの魅力を発信するため、年3回程度、「レコードコンサート」としてテーマを決めたコンサートを実施。
・芸術としてのレコードジャケットの奥深さを紹介する常設展示「ジャケットアート」を実施。

第2章
岩手県久慈市立図書館の事例

1　ボードゲーム貸出サービス

　図書館でボードゲームを楽しんだり貸し出したりする活動が、全国で広がりをみせている。ゲームをきっかけに若者が図書館に親しむようになり、ゲームの関連書籍、ひいてはほかの所蔵資料にも興味をもってほしいという意図から全国の図書館で積極的に取り組まれている活動である。また、図書や映像資料と同様に、ゲームも図書館の資料として捉える考え方もある。[4]

　岩手県久慈市立図書館では2021年6月1日から16点のボードゲームの貸出を開始した。23年現在では26点の貸出をおこなっていて、ボードゲームの対戦イベントも年に5回ほど開催している。

　久慈市立図書館は2020年に久慈市情報交流センター YOMUNOSU（よむのす）内に移転した。YOMUNOSU 自体が20年に新たに建設されたもので、図書館と観光案内所を結び付けた久慈駅前の中核施設として、市民はもちろんのこと、ビジネスや観光で久慈市を訪れた人々にとっても交流の場に

表13-1　久慈市立図書館ボードゲーム貸出状況（提供：久慈市立図書館）　　　（単位：点）

	4月	5月	6月	7月	8月	9月	10月	11月	12月	1月	2月	3月	合計
2021年度	—	—	54	51	15	32	41	21	18	30	41	40	343
2022年度	36	21	14	42	20	23	34	37	6	—	—	—	233

なることを目指して運営されている(5)。22年7月には、YOMUNOSU の開館2
周年記念事業の一環であるイベント「YOMUNOSU FESTA」で、図書館
スタッフとのボードゲーム対戦会が開催された。「将棋」「オセロ」「ガイス
ター」「ブロックス（Duo）」のなかから参加者が選んだボードゲームでスタ
ッフと対戦するというもので、勝者には記念品（YOMUNOSU 内カフェが作
った特別仕様のカップケーキ）、負けたほうには参加賞（チョコレート）が手渡
された。「YOMUNOSU FESTA」のなかでおこなった単独のイベントとし
ては最多の来場者80人を記録し、整理券を配布するほどだった。対戦を通
したスタッフとの交流が好評で、同年11月に開催した対戦会にも延べ49人
が参加した。

　表13-1は、同図書館でのボードゲームの貸出数を示したものだが、全般
的に好調なことがわかる。

2　ボードゲーム貸出要項と手順

　久慈市立図書館では、図13-2のような「ボードゲームの利用に関する要
項」を策定している。ボードゲームそのものは閲覧室には置かずにリストだ
けを掲示し、現物はカウンター内で管理して、申し出を受けてカウンターか
ら貸し出している。新しい試みということもあり、図書システムの資料区分
に「ボードゲーム（BG）」を設けて統計を出せるようにしている。資料名に
「ボードゲーム」と入れることで、館内 OPAC などで擬似的に一覧表示でき
るようにもしている。

　前述のように貸出はカウンターでおこなう。来館者が「ボードゲーム所蔵
リスト」から借りたいボードゲームを選び、カウンターでリクエストする
と、図書館員が所蔵検索をして、所蔵していれば本体を持ってきて貸し出
す。その際、次の4点に注意している。①専用の袋に入れて貸すこと（図13-
3）、②ボードゲーム内容物確認票を入れること（図13-4）、③返却後の管理

（趣旨）
第1条　この要項は、久慈市立図書館において国内外の図書館において知育・教育ツール
　　として注目されているボードゲームの貸出を行い、資料の貸借だけでは成せない総合的
　　なサービス提供を行うものである。
（利用資格）
第2条　ボードゲームを利用できるのは、久慈市立図書館の利用登録者とする。
（利用方法）
第3条　ボードゲームの利用は、窓口貸出により行うものとする。
（個人貸出）
第4条　ボードゲームは、一人当たり1点を限度とし、その貸出期間は2週間以内とする。
2　ボードゲームについては延長を受け付けないものとする。
（返納）
第5条　ボードゲームの館外貸出を受けた者は、貸出期間内に窓口に返却するものとする。
　　ブックポストへの返却は原則行わない。
（予約）
第6条　ボードゲームへの予約は受け付けない。
（業務の休止）
第7条　ボードゲームの利用について、図書館長が必要と認めた場合には、ボードゲーム
　　貸出サービスの全部又は一部を休止することができる。
（補則）
第8条　この要項に定めるもののほか、必要な事項は図書館長が定める。
　　　附則
　　この要項は令和3年6月1日から施行する。

図13-2　久慈市立図書館ボードゲームの利用に関する要項（提供：久慈市立図書館）

図13-3　ボードゲーム専用の貸出袋（提供：久慈市立図書館）

【ガイスター】 ボードゲーム内容物確認票

1. 内容物

①ゲームボード：1枚

②ルールブック：1部

③赤いおばけコマ：8個

④青いおばけコマ：8個

2. ボードゲームを利用する上でのご注意

・ボードゲームの貸出期間は2週間です。資料の予約・延長は出来ません。

・ボードゲームを返却する際には、内容物が揃っているか確認の上、返却をお願いします。

・返却の際は返却ポストには入れず、**必ず2Fカウンターまでお返しください。**

・返却後、図書館で最終確認を行います。

・ゲームが出来ない様な破損・紛失の場合、弁償の対象と鳴ります。その際、当館からご連絡いたしますので、予めご了承下さい。

図13-4　ボードゲーム内容物確認票（提供：久慈市立図書館）

確認のための「返却後チェックずみ」と書いてある札を外すこと、④利用者に、返却する際には必ず内容物がそろっていることを確認して返すようにと伝えること。ボードゲームも業務端末を使って図書と同じように貸出処理をする。図書資料と同様にバーコードやICタグなどの装備を施すことでほかの図書資料と同じ手順で貸出ができるようにしたのである。

　返却時はカウンターにボードゲームを持ってきてもらい、必ず窓口で受け取っている。返却されたら内容物を確認し、不足しているものがある場合は利用者に連絡し、返し忘れていないか確認してほしいと伝える。使えないほどの汚破損や紛失は弁償対象になる。久慈市立図書館では、ボードゲームの貸出を開始してから1年以上たつが、まだ弁償は発生していないという。返却後の処理がすんだら、「返却後チェックずみ」と書いてある札を付けて事務室に保管している。

　久慈市立図書館によると、ボードゲームの説明書は、コピーかスキャンを取って予備を作っておいたほうがいいという。また、「ボードゲーム内容物確認票」には図13-4にあるように写真も載せたほうが、利用者が確認しやすくなるという。

第3章

鹿児島県出水市立中央図書館・出水市歴史民俗資料館の事例

1　出水市立中央図書館・出水市歴史民俗資料館の概要

　鹿児島県出水市には、島津家初代当主の島津忠久が拠点を置いた木牟礼城や、中世の出水を支配した薩州島津家にまつわる史跡、第二次世界大戦時の海軍航空隊出水基地跡など数多くの史跡が残されている。

　出水市立中央図書館は出水市歴史民俗資料館と併設していて、建物の1階に出水市立中央図書館が、2階に出水市歴史民俗資料館がある。出水市歴史民俗資料館は、1985年4月に開設し、旧石器時代から近現代までの出水市の歴史を紹介している。考古資料では、第1層（1万2,000年前）から第6層（約2万8,000年前）までを層ごとに分けて出土した石器や土器類を展示し、歴史資料では、愛宕神社の『三十六歌仙絵扁額』や、第二次世界大戦中の軍服と海

軍旗といったものを展示している。そのほかに古文書や生産・生活道具の展示もある。

　公共施設マネジメントという点から考えると、今後図書館や博物館などの社会教育施設の改修や建て替えの際には、ほかの施設と合併されるようになることが考えられる。また、図書館のリニューアルに際しても展示機能の強化が求められるようになると予想できる。こうしたことから、出水市歴史民俗資料館の学芸員に、資料館での資料の展示と管理の際に注意することなどについてヒアリングをした。

2　資料館での展示と資料管理

　展示の配置で重要なのは、動線計画、視線高、照明計画だ。動線計画とは、来館者やスタッフが動きやすい動線を作ることだが、出水市歴史民俗資料館では、壁面に設置しているガラス展示ケースなどは移動できないため、常設展示は37年前の開設当時の計画のままで現在も展示している。特別展示・企画展示をする際は入り口から左回りで見て回れるように資料を配置して、来館者には矢印で順路を示している（図13-5）。

　視線高とは文字どおり目の高さで、成人の目の高さの平均を基準にすることが多い。出水市歴史民俗資料館では、基本的には全体像が見えるようにすることを心がけ、観覧者が見下ろせる角度で資料を展示している。また、観覧者と展示物との距離は、ガラスケースがある場合は間近で見られるように配置し、ガラスケースがない場合には、資料にもよるが、ロープパーテーションで距離を保つようにして展示している（図13-6）。

　照明計画とは、明るさや光の色、光の広がりを設計することで、展示する場所や資料によって条件が変わる。出水市歴史民俗資料館では、以前は紫外線防止加工が施された蛍光灯などを使用していたが、2022年3月に全フロアの照明をLED化する工事を実施した。築37年の建物なので電気回路の故障も多く、工事前は館内が暗かったために幼い子どもが怖がってしまうこともあったが、LED化してからは非常に明るくなった。『三十六歌仙絵扁額』が鹿児島県有形文化財に指定されたのを記念して22年10月から23年2月まで企画展示をしたが、貴重な資料なので、劣化を防ぐために来館者がいないときはガラスケース内の照明を落とすなどの工夫をした。

図13-5　動線と矢印サイン（提供：出水市歴史民俗資料館）

図13-6　ロープパーテーション（提供：出水市歴史民俗資料館）

表13-2　明るさ（照度）と色温度

色温度	蛍光灯			5,000ケルビン
	スポットライト			3,000ケルビン
照度	LED 工事前	壁面ガラスケース（大型）		130-160ルクス前後
		覗きガラスケース		105ルクス
	LED 工事後	壁面ガラスケース（大型）		450-600ルクス前後
		覗きガラスケース		145ルクス

注：壁面ガラスケースは天井・壁上・床下の3カ所の蛍光灯を点灯した数値。通常は壁上だけ点灯している。

　参考までに、出水市歴史民俗資料館で使用している照明の明るさ（照度）と色温度は、表13-2のとおりである。

　そのほか、館内の温湿度条件は温度20度、湿度55％としている。毎日、温湿度を記録し、必要に応じて空調・加除湿機を稼働している。

　館内の消毒や燻蒸も定期的に実施する。燻蒸は専門業者に委託し、2年に1度おこなっている。出水市立中央図書館とあわせて、1階から2階を3日間にわたって燻蒸する。また、新型コロナウイルス感染症が蔓延してからは、消毒にも気を使っている。館の入り口には手指消毒液を設置し、それまで来館者が自由に利用できた玩具も、一時はすべて撤去した。また、休憩のための椅子や手すりなどは消毒液を使って頻繁に拭き掃除をしている。感染状況が落ち着いてからは、笛類以外の玩具は元どおり設置するようになり、親子連れや児童の利用が増えている。

図13-7　工事前（左）と工事後（右）の照明（提供：出水市歴史民俗資料館）

第4章

山梨県南アルプス市立中央図書館の事例

1 南アルプス市の概要

　南アルプス市は、八田村、白根町、芦安村、若草町、櫛形町、甲西町の4町2村が合併して2003年に発足した。山梨県の西部に位置し、東西に広いのが特徴である。中央図書館を含めて6館体制で図書館ネットワークを構築し、地域間格差なく市民に図書館サービスを提供している。

2 75分の1東京タワーの展示

　南アルプス市立中央図書館の前身である櫛形町立図書館は、1999年10月に櫛形生涯学習センター内に開設された。櫛形町立図書館には建物中央に採光のための中庭のような「未来テラス」というスペースがあり、それを展示に使おうという案が持ち上がった。図書館は情報の発信基地なので知のシンボルになるようなものを展示すべきではないかということになり、当時の町長の発案で、地域ゆかりの人物である内藤多仲が設計した東京タワーの模型を設置することになった（図13-8）。この東京タワーの模型は鉄製で高さは4メートル44センチと、実物の75分の1のサイズである。

　75分の1東京タワーの頭上には屋根状の覆いと防鳥ネットが施してあるが、年に数回は鳥が入ってしまう。しかし、これまで破損したことは一度もない。

3 南アルプス市ふるさと人物室の展示

　南アルプス市では、市が掲げる目標である「まちづくり」「ひとづくり」の一環として、地域資源や伝統文化を生かした「ふるさと教育」（郷土教育）の推進を図っている。郷土の歴史や文化は、地域に根差して形作られ育まれてきた市のかけがえのない財産であり、厳しい風土と向き合い続けた人々の苦労や工夫の積み重ねだと捉えているのである。先人の足跡をたどり、郷土の歴史や文化を知る機会を市民に提供することは、「まちづくり」

図13-8　実物の75分の1東京タワー（筆者撮影）

図13-9　南アルプス市ふるさと人物室（筆者撮影）

「ひとづくり」の基本と位置づけている。

　南アルプス市立図書館も、郷土の歴史や文化に関わる地域資料の収集に力を入れてきた。特に櫛形図書館では、館内に地域資料を収集・紹介するコーナー「ふるさと室」を設け、市民の調査や研究に役立ってきた。一方で、「ふるさと室」という限られたスペースのなかでは、地域資料を展示するには限界があるため、図書館で所蔵している貴重な資料を生かしながら、郷土にゆかりがある人物を広く市民に紹介するための新たなスペースを確保する方法を模索していた。

　そのようななかで、2016年度に櫛形図書館を市の中央図書館として位置づけ、市民が気軽に本に親しめる空間と、市民に喜ばれる魅力的な図書館サービスを提供するため、改修工事を実施することになった。

　改修工事では、図書館内の改修だけでなく、エントランスホールに「新聞・雑誌コーナー」や「飲食コーナー」を設置した。あわせてエントランスホール奥にあった展示室を「南アルプス市ふるさと人物室」として改修し、近代に活躍した南アルプス市にゆかりがある人物を紹介する部屋にすることにした（図13-9）。

「ふるさと人物室」の設置にあたっては、郷土の歴史や文化だけでなく、図書館に造詣が深い人々も委員に名を連ねた。この南アルプス市ふるさと人物室準備委員会は、同室で紹介する人物のリストや展示テーマなどについて検討を重ねて最終的には人物を17人に絞り、「ふるさと人物室」入り口の壁面に顔写真とともに展示して紹介することにした。さらにこのなかから1人または数人を選び、期間を決めてテーマに沿った展示も実施している。17人以外についても、今後引き続き調査・研究していく予定で、児童・生徒はもちろん、多くの市民がふるさとの歴史や人物を再発見できる場になるよう、南アルプス市立中央図書館は「ふるさと人物室」での展示を展開していく意向だ。

注

(1)「レコード」、前掲『図書館情報学用語辞典 第5版』
(2)「音楽資料」、同書
(3)「レコードのぬくもり、若者とりこに　昨年の売り上げ21億円、10年前の10倍超」「朝

日新聞」2021年2月12日付

（4）「「図書館でボードゲーム」広がる」「中日新聞」2020年2月22日付（https://www.chunichi.co.jp/article/20286）［2023年1月29日アクセス］

（5）「よむのすについて」「久慈市情報交流センター YOMUNOSU」（https://yomuno-su-kuji.jp/about/）［2023年1月29日アクセス］

第14回

専門図書館の事例

東京国立近代美術館アートライブラリの事例

1 利用者層

　東京国立近代美術館に併設されているアートライブラリは、近現代の美術に関する資料を所蔵する専門図書館である。専門図書館ということもあり、主な来館者は他館の学芸員、研究者、大学教員、大学院生、学生、画廊関係者であり、高校生以下の利用はほとんどない。美術分野を中心とするNDCの「7 芸術」の資料や展覧会カタログが充実しているので、それらを利用する目的での来館がほとんどである。

　新型コロナウイルス感染症が流行する前の2019年度の平均来館者数は2,000人弱（開室は年200日程度）だった。なお、館外貸出はしていない。

2 レファレンスなど

　カウンターだけでなく電話でもレファレンスに対応していて、レファレンスの事例は国立国会図書館レファレンス協同データベースで公開している。また、2020年8月からはILL（図書館間相互利用）サービスも開始した。それを機に大学図書館からの複写依頼を伴う調査依頼も受け付けている。さらに、公立図書館などからの遠隔複写にも対応していて、調査依頼を受け付けることがある。

　新着図書や新着雑誌の情報を希望者にメールなどでアナウンスするサービスはしていないが、図書や雑誌の新着情報はOPACで開示している。OPACでは自館刊行物に限って目次も採録している。

図14-1　東京国立近代美術館（提供：東京国立近代美術館）

図14-2　東京国立近代美術館アートライブラリ館内（提供：東京国立近代美術館）

3　コレクション

　2022年4月1日時点で図書（展覧会カタログを含む）は15万4,023冊、雑誌は5,637タイトルである。特殊コレクション（アーカイブズ資料として紹介）として、以下のコレクションを所蔵している。

- 藤田嗣治旧蔵書
- 空蓮房コレクション（写真関係資料）旧蔵書
- 難波田龍起アーカイブ
- 難波田龍起関係資料
- 山田正亮旧蔵書
- 岸田劉生資料
- 夢土画廊関係資料
- アンリ・ミショー関係資料
- パウル・クレー関係資料

第2章
味の素食の文化ライブラリーの事例

1　利用者層

　「食文化の発展」に寄与することを目指して食に関する情報を収集・公開している味の素食の文化センターに併設されているのが、「食の専門図書館」である味の素食の文化ライブラリーだ。味の素食の文化ライブラリーに来館するのは、食関連企業に勤務する人のほか、学生、一般の会社員、マスコミ関係者などが多い。年代としては大学生や専門学校生、そして現役会社員の年代が多い。中学生は修学旅行や社会科見学で来館することはあるがきわめて少なく、小学生はまれに親に連れられてくることがある程度だ。新型コロナウイルス感染症が流行する前の2019年度の来館者は4,467人、貸出者数は1,838人だった。

　食の文化ライブラリーでは「食文化一般」や「食と健康」などの13の項

目からなる NDC とは異なる独自の分類法を採用していて、なかでも貸出が多いのは「調理／レシピ」「食品」「食文化一般」に分類される資料である。

2　レファレンスなど

　レファレンスはカウンターで対応することが最も多いが、電話やメールでの対応も多い。比較的単純な質問から漠然とした質問までさまざまで、本ではなく本に所収されている図版を探している場合などもある。以下にいくつか例を挙げる。
・野菜を使ったお菓子の本を探している。
・食のサステナブルに関する本はあるか。
・日本の近現代（明治時代から1970年ごろまで）の乳業、牛乳、ミルクホールについて書いてある本はあるか。
・ヨーロッパとアジアの食文化の比較・対比について、資料や調べ方を知りたい。
・静岡名物の「たまごふわふわ」をテレビで紹介したいのだが、補足説明のために江戸時代の料理本『万宝料理秘密箱』の「玉子百珍」に掲載されている「たまごふわふわ」のレシピに該当するページを番組 VTR で使用してもいいか。
・江戸時代に馬がまぐろを運んでいる錦絵があったと思うが（味の素食の文化ライブラリーで見たか、ほかの博物館で見たか記憶が曖昧）、もう一度探したい。

　このほかに、公立図書館から問い合わせがくることもある。例を挙げると、「あけび油が歴史上どのように食用として利用されていたのかについて書かれた資料はあるか。古くは貴族しか口にできなかったと聞いたことがあるが、そのような記述がある資料はあるか」というレファレンス依頼が図書館員からあった。

図14-3　上：図書館入り口　中：館内　下：調理法の書架
（提供：味の素食の文化ライブラリー）

3　コレクション

　2022年4月1日時点の資料数は、図書3万7,940冊、雑誌・定期刊行物6,999冊、映像378本である。所蔵雑誌125タイトルのうち、継続受け入れしているのは50タイトルである。

　コレクションとしては、①江戸の料理書（古典籍：約300タイトル）、②秋山徳蔵メニューカードコレクション（約2,500点）、③錦絵（300点）などがある（2021年3月末時点）。①③は全画像を味の素食の文化ライブラリーのサイト上で公開している。館内には、書架スペースを利用したスタッフのおすすめ本コーナーが5カ所ある。他館では所蔵が少ない戦前の雑誌（「料理の友」「食道楽」）や、大学・公立図書館であまり購入しない食関係の統計・調査資料や、海外で出版されたレストランやシェフの料理レシピ本なども所蔵している。

第3章
日本航空協会航空図書館の事例

1　利用者層

　全国で唯一の航空宇宙に関する専門図書館として、日本航空協会が運営しているのが航空図書館である。航空図書館をよく利用するのは、航空史研究家や趣味で航空・軍事について調べている人、航空関係学科がある大学の教員、航空業界への就職を希望する学生などである。新型コロナウイルス感染症が流行する前の2019年度の来館者は1,498人で、貸出者数は179人だった。利用または貸出が多いのは国内外の航空情報雑誌、軍用機関係資料、エアライン関係資料である。

2　レファレンスなど

　レファレンスは窓口だけでなく、メール、電話、手紙でも対応している。レファレンスの事例としては、「戦前（1940年頃）のシンガポールの空港の

図14-4　上：図書館入り口　中：館内　下：推薦図書（提供：日本
航空協会航空図書館）

写真など、当時の空港の様子がわかる資料はあるか」というような質問がある。

　ほかには、航空機や航空業界関連のドラマやドキュメンタリーの制作会社から、時代考証や機内の再現のために写真などの資料を提供してほしいという依頼もある。なお図書館ではないが、日本航空協会には航空の歴史を後世に伝えるさまざまな資料を「航空遺産」として収集・保存する部署があり、スタッフに航空の歴史に詳しい者がいる。以前、「祖父が戦時に乗っていたと思われる飛行機の写真が出てきた。なんという機体か教えてほしい」という問い合わせに対応して喜ばれたこともある。

　公立図書館から相談を受けて、利用者へのレファレンスに対応することはあるが、相互貸借はしていないので、資料を提供する際には来館してもらう必要がある。

3　コレクション

　2022年4月1日時点の資料数は、図書が約2万2,800冊、雑誌が627タイトル、視聴覚資料が209点である。日本航空協会発行の『数字でみる航空』（国土交通省航空局監修）や『航空統計要覧』などの統計資料、航空雑誌のバックナンバー、航空機に関する年鑑『Jane's 年鑑』（Jane's）など、公立図書館ではあまり所蔵されていない資料も取りそろえている。

第4章
国立女性教育会館女性教育情報センターの事例

1　利用者層

　女性教育情報センターは、国立女性教育会館内に設置されている女性・家庭・家族に関する専門図書館である。この情報センターを訪れるのは主に、男女共同参画センター職員、男女共同参画行政担当者、研究者、学生、教員、NGO・NPO関係者、メディア・企業関係者である。新型コロナウイルス感染症が流行する前の2019年度の資料などの利用者数は5,481人だった。利用目的としては雑誌「婦人公論」（中央公論新社）の複写が多い。

図14-5　上：図書館入り口　中：館内　下：新聞クリッピングファ
イル（提供：国立女性教育会館女性教育情報センター）

2 レファレンスなど

　来館以外でもレファレンスに対応していて、レファレンスの事例は国立国会図書館レファレンス協同データベースで公開している。また、レフェラルサービスも実施している。カレントアウェアネスサービスとして、メールで情報を知らせる新着資料アラートサービスをおこなっている。⁽¹⁾

3 コレクション

　2022年3月末時点の資料数は、図書が11万4,452冊、雑誌が4,175タイトル、新聞の切り抜きが55万1,028件、視聴覚資料は407点である。新聞記事のクリッピングは1977年から継続していて、すべて文献情報データベース（OPAC）で検索可能である。⁽²⁾

第5章
野球殿堂博物館図書室の事例

1 利用者層

　プロ・アマを問わず国内外の野球に関する資料を収集・展示している野球殿堂博物館には、野球を中心にスポーツに関する資料を所蔵する専門図書館が併設されている。来館者は基本的に成人が多いが、学校の自由研究のサポートをしていることから、夏休み期間中は小学生と中学生の利用も多い。新型コロナウイルス感染症が流行する前の2019年度の来館者数は、1万9,081人だった。利用が多いのは、各球団のファンブックなどの資料である。

2 レファレンスなど

　窓口対応だけでなく、電話、メール、ウェブサイト上の問い合わせフォームからもレファレンスに対応している。問い合わせの内容は、選手の達成記録から用具に関する歴史まで多岐にわたる。公立図書館・大学図書館からの

図14-6　上：野球殿堂博物館入り口　中：館内　下：「野球で自由研究！　お悩み相談コーナー」（提供：野球殿堂博物館）

問い合わせにも対応している。特定の雑誌の目次ページをスクラップして開架スペースに排架しているが、利用者へのメールなどの配信はしていない。

3　コレクション

　2022年4月1日時点の資料数は約5万点である。「報知新聞」は1950年9月から現在まで原紙で所蔵している。ただし、50年9月から64年12月までのものは劣化が進んでいるため閲覧を制限している。スポーツ新聞は一般の図書館では保存期限が短く、国立国会図書館でもマイクロフィルムでの利用になっているため、約70年分のスポーツ紙を原紙で閲覧することができるのは貴重だ。また、ベースボール・マガジン社から発行されている週刊誌「週刊ベースボール」は、1958年の創刊号から最新号まで所蔵している。

注

(1)「新着資料アラートサービス」「国立女性教育会館 女性教育情報センター」（https://winet2.nwec.go.jp/bunken/sdi/）［2023年1月29日アクセス］
(2)「文献情報データベース」「国立女性教育会館 女性教育情報センター」（https://winet2.nwec.go.jp/bunken/opac_search/）［2023年1月29日アクセス］

第15回

これからの展望

今後求められる図書館情報資源

　ICTの進展によってデジタルで情報を入手するのが一般的になった現在、図書館も従来の紙の図書、雑誌、新聞の位置づけをあらためて考えなくてはならない。

　「情報通信白書　令和4年版(1)」によると2021年のインターネット利用率（個人）は82.9％で、端末別では「スマートフォン」（68.5％）が「パソコン」（48.1％）を20.4ポイント上回っている。さらに、「いち早く世の中のできごとや動きを知る」ために最も利用するメディアとは何かという問いには、全年代で「インターネット」という回答が最も多い。「世の中のできごとや動きについて信頼できる情報を得る」ために最も利用するメディアは、全年代で「テレビ」の割合が最も高く、「趣味・娯楽に関する情報を得る」ために最も利用するメディアとしては、全年代で「インターネット」の割合が最も高い。ここからは、スマホを使ったインターネット利用が年代を問わず一般化している実態をうかがうことができる。

　このような時代に図書館はどのような情報資源を収集・保存・提供していかなくてはならないのかを、館種を超えて考える必要がある。本書の第1回「図書館情報資源とは」の第2章「図書館情報資源と図書館サービス」で紹介した地方公共団体のアンケートからもわかるように、公立図書館は市民の半数からは使われていないという現実がある。その理由の一つに、図書館が自宅や勤務先から遠いという事情がある。遠くても図書館に足を運ぼうと思わせるような情報資源を収集するのか、それとも大学図書館のようにリモートアクセスによって自宅から新聞記事データベースなどの検索ができるようにするのか、高齢化や過疎化も視野に入れながら、どのような方向を目指す

のかを考える必要がある。

第2章

図書館情報資源に関わる法律

『事例で学ぶ図書館制度・経営論』の第13回「図書館サービス関連法規」でも図書館に関連する法律を紹介しているが、そこで割愛した図書館情報資源に関わる民法などについて最後に紹介したい。ただし、それぞれの状況に応じて対応は異なるものなので、考え方の一例として捉えてほしい。トラブルは突然起こるものなので、日頃からこうした事例について考えておいたほうが場当たり的な対応にならないですむだろう。

1 図書の弁償に関わる民法

　図書館で借りた本を自宅で読んでいて、お茶やコーヒーをこぼしてしまうことがある。あるいは、借りた本を持ち歩いていたときに急に雨が降りだして本が濡れたせいで、ページが波打って変形してしまうということもあるだろう。もう次の人に貸せないほど本の状態が悪くなってしまった場合は、図書館は現物弁償をお願いする。図書を紛失してしまった場合も同様だ。こうした資料の弁償については、図書館利用規則などに明記している図書館もあるが、そうでない図書館もある。

　では、利用規則に明記されていない場合、利用者は弁償しなくてもいいということになるのだろうか。弁償の根拠には、民法第709条の不法行為による賠償責任がある。したがって図書館利用規則での記載の有無にかかわらず、図書を破損・紛失した場合には弁償の義務がある。利用者が未成年の場合は、第712条（未成年者の責任能力）と第714条（責任無能力者の監督義務者等の責任）を勘案して、保護者に弁償してもらうのが妥当だろう。

　ただし、民法第417条には「損害賠償は、別段の意思表示がないときは、金銭をもってその額を定める」とあり、損害賠償の方法は金銭賠償を原則としている。しかし、「別段の意思表示がないときは」とあるので、これを現物弁償をお願いする根拠にできるのではないかと考えられる。公立図書館は地方公共団体に属するので、会計上、現金のやりとりには煩雑な手続を伴

う。それを避けるために、著作権問題がある視聴覚資料を例外として、図書と雑誌は現物弁償をお願いしている。

2　意図的な図書の破損に関わる刑法

本や雑誌の汚損や破損に対して弁償のお願いをすると、利用者が「これぐらいでなんで弁償なんだ」と怒り、その本を破いたり壊したりしたとしよう。こういう場合は刑法第261条の器物損壊罪を適用することが可能である。新宿区立中央図書館では2015年に、文庫本コーナーで排架されている文庫本をカッターで切り抜いている来館者を警備員が発見し、職員が通報した。新宿警察署によってその来館者は現行犯逮捕された。新宿区民の公共の場である図書館内での刃物を用いた破損であることなどから、新宿区立中央図書館は新宿警察署に器物損壊罪で告訴状を提出し、その後起訴が決定した。⁽²⁾

3　図書の滞納に関わる刑法

返却期限を過ぎても資料を返さない人がいる。図書館は、該当者に対して電話やメール、ハガキなどで督促をして返却を促す。返却期限から1カ月以上たっても返却しない場合、確信犯的に返す意思がないのではないかと解釈できることがある。この場合、刑法第252条の横領罪を適用することは可能だろうか。答えは、難しい、である。横領罪には、不法領得の意思、つまり、「他人の物の占有者が委託の任務に背いてその物につき権限がないのに所持者でなければできないような処分をする意思」が必要なので、単に返却しないだけでは当てはまらない。滞納に横領罪を適用するには、不法領得の意思を証明する必要があると考えられる。

4　自宅に行って図書を回収することは可能か

公立図書館では、自館で所蔵していない図書や雑誌を、相互貸借の制度を利用してほかの自治体の図書館から借用し、貸出希望者に提供することがある。この場合は借用した図書館に期限内に返却しなければならないので、貸

出を受けた利用者が期限を大幅に過ぎても資料を返却しない場合には対応を考えなければならない。しかし、前述したように横領罪など何らかの罪に問うことは難しい。その場合、利用者の自宅まで行って資料を回収することは可能だろうか。答えは、可能である。自宅を訪ねて返却を促すことは問題ないと考えられる。このときに、利用者が返却の意思がないと言い張ったら、横領罪を念頭に告訴すると警告することもできるだろう。しかし、図書館員が無理やり自宅に入って回収することは住居侵入罪になる可能性があるので控えるべきである。

5　延滞料金の徴収

　日本の公立図書館では、期限内に図書を返却しなかった場合に延滞料金を徴収する方式をとっているところはない。しかし、例えば1日につき100円の延滞料を徴収するといったことは、法律上は可能なのだろうか。具体的には、地方自治法第14条3項が定める「条令に違反した場合の罰金」を、延滞料の徴収の根拠にできるかということである。

　しかし、これは無理がある。地方自治法第14条3項は条令に違反した場合の刑罰を定める規定だが、延滞料金は刑罰とはいえない。条令を作ればできないこともないかもしれないが、現実には徴収方法の問題もあるので、実行はかなり難しい。さらに延滞料金は、著作権法第38条4項が定める、営利を目的にしない場合に限り著作物の貸与権を認めるという図書館の根幹に関わる部分と抵触するおそれがあることも忘れてはならない。

　私立大学の慶應義塾大学図書館では、延滞罰則として滞納1日につき1冊10円の延滞料を徴収している。日曜・祝日・休館日も、延滞料金が加算される。

6　出版社からの回収依頼への対応

　図書館の購入図書が、その内容が問題視され裁判沙汰になることがある。実例として、柳美里『石に泳ぐ魚』（新潮社、2002年）は名誉毀損とプライバシー侵害で小説のモデルになった女性から起訴され、出版差し止めを求められた。裁判の判決文が明確に貸出中止を命じていない場合、図書館はこう

した図書を住民に提供しつづけていいのだろうか。法律的には、問題になった本を置いているからといって図書館が責任を問われることはないと考えられる。あとは、内容に鑑みて各図書館がそれぞれに判断すれば問題ないだろう。

　また、返金するので図書館の購入図書を回収したいという通知が出版社から届くことがある。公立図書館の場合、自治体組織内での金銭処理が煩雑なため、簡単に回収に応じることができない。こうした場合も、返金ではなく金額が近い別の本と交換するなど、各図書館の判断で対応すれば法律上は問題ないだろう。

　最近、まちづくりの観点から図書館を核とした複合施設の建設やにぎわいの創出が注目されているが、図書館サービスの基本の一つは、市民が求める図書館情報資源を提供することである。図書館情報資源は、サービスのなかでよく利用されることからトラブルも発生することがある。例示したように、民法や刑法について知っておくことも、今後の図書館情報資源について考えるうえでは重要である。

注

(1)「情報通信白書 令和4年版」「情報通信統計データベース」(https://www.soumu.go.jp/johotsusintokei/whitepaper/r04.html)［2023年3月11日アクセス］
(2)「中央図書館図書資料の破損被害について」「新宿区」(https://www.city.shinjuku.lg.jp/whatsnew/pub/2014/08280-001.html)［2021年3月11日アクセス］

［著者略歴］
吉井 潤（よしい じゅん）
1983年、東京都生まれ
慶應義塾大学大学院文学研究科図書館・情報学専攻情報資源管理分野修士課程修了
都留文科大学・日本大学・東洋大学非常勤講師
著書に『事例で学ぶ図書館制度・経営論』『事例で学ぶ図書館サービス概論』『図書館の新型コロナ対策ガイド』『29歳で図書館長になって』『仕事に役立つ専門紙・業界紙』、共著に『絵本で世界を学ぼう！』『つくってあそぼう！――本といっしょに、つくってかがくであそぼう』『図書館の活動と経営』（いずれも青弓社）など

事例で学ぶ図書館3

事例で学ぶ図書館情報資源概論
（じ れい　まな　と しょかんじょうほう し　げんがいろん）

発行————2023年8月24日　第1刷

定価————2000円＋税

著者————吉井 潤

発行者———矢野未知生

発行所———株式会社青弓社
　　　　　　〒162-0801 東京都新宿区山吹町337
　　　　　　電話 03-3268-0381（代）
　　　　　　http://www.seikyusha.co.jp

印刷所————三松堂

製本所————三松堂

©Jun Yoshii, 2023
ISBN978-4-7872-0083-9　C0300

吉井 潤

事例で学ぶ図書館制度・経営論

図書館法をはじめとする図書館関連法規と、業務委託、指定管理者制度、PFIなど多様化する図書館経営のあり方を、全国の図書館から収集した事例を軸にして平明にレクチャーする。　　　　　　　　　　　　　　　定価2000円＋税

吉井 潤

事例で学ぶ図書館サービス概論

資料・情報の提供、地域や他組織との連携・協力、接遇と広報など各種の図書館サービスを、公立図書館、専門図書館、直営や指定管理者制度導入館など、館種と運営を超えた多数の事例をあげて解説する。　　　　　　　定価2000円＋税

吉井 潤

仕事に役立つ専門紙・業界紙

専門紙・業界紙400を分析して、ビジネス・起業・就活にも役立つように専門用語を避けてわかりやすくガイドする。激動する情報化社会のなかで、図書館のビジネス支援や高校生・大学生が社会を知るためのツール。定価1600円＋税

永田治樹

公共図書館を育てる

国内外の事例を紹介して公共図書館の制度と経営のあり方を問い直し、AIを使った所蔵資料の管理や利用者誘導、オープンライブラリーの取り組みなど、デジタル時代の図書館を構築するヒントに満ちた実践ガイド。定価2600円＋税

山崎博樹／伊東直登／淺野隆夫／齋藤明彦 ほか

図書館を語る
未来につなぐメッセージ

これからの図書館の運営を、公立図書館の現職／元館長や図書館学の研究者、新設コンサルタント、什器メーカー、学校図書館関係者の11人が経験を生かして縦横に語る。住民と図書館の未来につなぐメッセージ集。　　定価2600円＋税